prometeo libros

LACAN, DELEUZE Y *LALANGUE*

Elena Bisso

LACAN, DELEUZE Y *LALANGUE*

prometeo
libros

Bisso, Elena
    Lacan, Deleuze y Lalangue / Elena Bisso. - 1a ed . - Ciudad Autónoma
de Buenos Aires : Prometeo Libros, 2017.
    150 p. ; 23 x 16 cm.

    1. Filosofía Contemporánea. 2. Psicoanálisis. I. Título.
CDD 190

Cuidado editorial: Micaela Magni
Armado: Yanina Pérez
Corrección: Marina Rapetti

© De esta edición, Prometeo Libros, 2017
Pringles 521 (C1183AEI), Buenos Aires, Argentina
Tel.: (54-11) 4862-6794 / Fax: (54-11) 4864-3297
distribuidora@prometeoeditorial.com
www.prometeoeditorial.com

A Jorge y a Fiona con profundo amor

"El sentido es un vapor jugueteando
en el límite de las cosas y las palabras"
GILLES DELEUZE

Índice

Introducción

El 19 de marzo de 1969 Lacan decía enfáticamente a su público del Seminario: "(...) este silencio total, esa ausencia total de respuesta a mis pedidos desesperados de un breve testimonio, al menos(...)". Estaba reclamando que nadie hubiera respondido a su pedido de entrar en el detalle de un pie de página con una objeción de Deleuze en *Lógica del sentido*.

En el invierno del 2011, cuarenta y dos años después en la ciudad de Buenos Aires, luego de haber construido el concepto de sentido en la obra de Lacan, busqué las respuestas que hubieran surgido a partir de ese pedido enfático. Y no encontré ninguna, solo algunas pocas menciones de ese pie de página sin ningún análisis. Sorprendida tuve la ocurrencia de que aceptar este desafío podía constituirse en el problema a investigar para mi tesis doctoral. Y así fue.

En ese vacío de respuesta se hizo lugar mi investigación cuya tesis tiene por nombre "La recepción lacaniana de *Lógica del sentido* de Gilles Deleuze: un antecedente de *lalengua*", y fue defendida y aprobada el 15 de julio de 2015 en la Facultad de Psicología de la Universidad de Buenos Aires, con un jurado integrado por la Dra. Silvia Elena Tendlarz, el Dr. Héctor López y la Dra. Graziela Napolitano.

En este libro titulado *Lacan, Deleuze y lalangue* se publica una versión aligerada de esa tesis.

A partir del análisis del momento preciso, el año 1969, es posible ubicar una querella trunca entre Lacan y Deleuze por la equivocidad en el inconsciente. Este debate tiene como fondo el concepto de sentido en Lacan.

Hasta ahora se habían construido e investigado conceptos fundamentales del psicoanálisis, entre ellos la transferencia, la pulsión, el objeto *a*, el significante, el sujeto, el fantasma, el inconsciente, pero el concepto de sentido no había tenido la misma atención.

Una de las definiciones más curiosas del concepto de sentido en Lacan que encontré fue la de la clase del 6 de enero de 1972 cuando él definió "*Le sens est une petite peinturlure rajoutée sur cet objet "a" avec lequel vous avez chacun votre attache particulière*"[1].

Es un concepto que Lacan trató a lo largo de toda su enseñanza. Linda entre psicoanálisis y ontología. Es evidentemente clínico debido a que la interpretación psicoanalítica, aun considerándola en sus distintas versiones entre las décadas del '50 y del '70, apunta a cortar, reducir y equivocar el sentido. La operación analítica apunta, en Lacan, al sinsentido. El psicoanalista interviene y trata el sentido en la sesión analítica. Podría decirse que es el material sobre el que obra, un material muy escurridizo, por cierto.

El modo más directo de representar el concepto de sentido es el vector entre S_1 y S_2 en el piso superior del discurso del Amo y del inconsciente, de 1970 y en el nudo borromeo, hacia 1974, lo encontramos situado en la intersección entre el registro Simbólico y el registro Imaginario.

Es posible reconstruir las variables del concepto de sentido en toda la obra de Lacan. Esta construcción es el fundamento argumental que confirma que *lalangue*, concepto de Lacan que nace en 1971, responde al problema que pretendió crear Deleuze al cuestionar univocidad y equivocidad en el inconsciente en Lacan.

Lalangue es una invención de Lacan por medio de la que se localiza la equivocidad, considerando que su autor la definió como la integral de equívocos.

Otra cuestión muy sorprendente para mí fueron los cambios de Deleuze en su lectura del psicoanálisis y de la obra de Lacan.

Contrastemos dos libros de Deleuze que solo tienen cinco años de distancia entre sí. Se trata de *Sacher Masoch: lo frío y lo cruel* y *Antiedipo*. Luego nos preguntaremos qué ocurrió con Deleuze, cómo fue que cambió tan radicalmente su relación con la teoría psicoanalítica.

Sacher Masoch... es un libro que puede pensarse como una respuesta de Deleuze a Lacan, quien indicó leer a Masoch y no solo a Sade para estudiar las perversiones.

Antiedipo es un libro tan provocador como cuestionado, tan celebrado como repudiado.

Entre estos dos libros, entre 1967 y 1972, se desplegó el Deleuze académico, el que produjo *Spinoza y el problema de la expresión*, *Diferencia y repetición* y *Lógica del sentido*.

También es oportuno preguntarse cuál es el concepto por el que Deleuze se separó de Lacan, de una tesis de Lacan, y al separarse se diluyó lo que Jean-Paul Chartier denominó la fascinación por Lacan y el juego del objeto

---

[1] Traducción de la autora: "El sentido es una pequeña pincelada añadida a este objeto "a" con el que cada uno tiene su lazo particular".

perdido (Dosse, 2009: 236). En el análisis que sigue en este libro se propone que la divergencia radical que apartó a Deleuze de Lacan fue la univocidad del ser, la ontología que Deleuze elaboró en sus tesis doctorales, inspirado en Spinoza, Nietzche y Duns Scoto.

Aquí se tratará qué fue lo que objetó Deleuze y de qué manera el concepto de *lalangue* de Lacan creado dos años y medio después se constituye en una respuesta óptima desde el psicoanálisis.

Comenzamos construyendo el momento de la interlocución entre Lacan y Deleuze en el que surge la objeción, luego el concepto de sentido en Lacan, y la conjetura de una lógica del sentido que le sea propia para luego analizar el concepto de sentido y la lógica del sentido de Deleuze. Para comprender la pertinencia y relevancia de lo que Deleuze objetó en su pie de página fue necesario realizar este análisis, debido a que dentro de las variables analizadas se encontraron las respuestas.

La ventaja de haber aceptado la invitación de Lacan a entrar en el detalle de la objeción de Deleuze cuarenta y dos años después es que conté con la obra concluida y permitió rastrear el devenir que adoptó en Lacan la concepción del significante, la insistente homología con el *lekton* de los estoicos y la ratificación final de la equivocidad como variable central del concepto de sentido en psicoanálisis.

ELENA BISSO

La recepción lacaniana de *Lógica del sentido*

Interlocución entre Lacan y Deleuze: 1967 – 1969

En este trabajo se ha llamado interlocución entre Lacan y Deleuze a las huellas ciertas que han dejado los comentarios y referencias explícitas que han hecho cada uno de la obra del otro. Muy lejos de ser imaginaria, aquí las reconstruiremos con sus fuentes bibliográficas.

Es necesario partir de una coincidencia notable. Jacques Lacan invitó a su audiencia a leer la obra de Sacher-Masoch el 18 de mayo de1960, en su seminario VII:

> Lean al Sr. de Sacher-Masoch, autor altamente instructivo, aun cuando su envergadura sea menor que la de Sade, y verán que en último término, la verdadera culminación en la que se proyecta la posición del masoquista perverso, es el deseo de reducirse él mismo a esa nada que es el bien, a esa cosa que se trata como un objeto, a ese esclavo que se transmite y se comparte (Lacan, 1988, p. 288).

Gilles Deleuze publicó su *Presentación de Sacher-Masoch. Lo frío y lo cruel* en 1967, en el que encontramos hacia el final:

> Es injusto no leer a Masoch mientras que Sade es objeto de estudios sumamente profundos inspirados a la vez en la crítica literaria y en la interpretación psicoanalítica, y que contribuyen también a renovarlas. No sería menos injusto leer a Masoch intentando hallar en él un simple complemento de Sade, una suerte de prueba o de verificación según la cual el sadismo devendría cabalmente en masoquismo, sin perjuicio de que a su vez el masoquismo desembocaría en un sadismo. De hecho, el genio de Sade y el genio de Masoch son completamente dispares (Deleuze, 2001: 134).

Con siete años de diferencia entre lo dicho por Lacan y lo publicado por Deleuze se encuentra esta correlación que Lacan mismo parecería confirmar. Lacan, el 14 de junio de 1967, se refirió nuevamente a Sacher-Masoch y destacó la admirable presentación de Deleuze acerca de *La Venus de las pieles,* y el 22 de enero de 1969 mencionó nuevamente el libro de Deleuze, señalando la lectura que su autor hizo del contrato y su función en el masoquismo.

El 26 de marzo de 1969, Lacan refirió a la lectura que hizo Deleuze respecto de la Voz.

El 19 de febrero de 1974, en el transcurso de su seminario XXI, Lacan aludió en su clase a alguien a quien él había elogiado por haber leído a Sacher-Masoch, pero que no era un clínico. Muy probablemente se tratara de Deleuze. Aquí concluirían las menciones explícitas y una alusión a Deleuze por Jacques Lacan.

Deleuze citó a Lacan en su libro, y tesis doctoral, *Diferencia y repetición*, en la segunda parte, *La repetición para sí misma*. Refiriéndose al objeto virtual, planteó:

> En este sentido, las páginas de Lacan que asimilan el objeto virtual a la carta robada de Edgar Allan Poe nos parecen ejemplares. Lacan muestra que los objetos reales, en virtud del principio de realidad, están sometidos a la ley de estar o de no estar en algún lugar, pero que el objeto virtual, por el contrario, tiene la propiedad de estar y de no estar, alli donde está, dondequiera que vaya (Deleuze, 2009: 162).

Los comentarios de Deleuze respecto de la lectura de Lacan de "La carta robada" de Poe fueron elogiosos, y se ha planteado la paradoja de Lacan como un homenaje de Deleuze.

La interlocución entre Lacan y Deleuze, que se ha descripto en este capítulo, constituye una prueba de que existió entre ellos un intercambio conceptual. Deleuze refirió a Lacan en sus textos, y lo homenajeó con una paradoja, que se trata en esta tesis. Lacan refirió a Deleuze, comentando y difundiendo su producción en los Seminarios.

El concepto de masoquismo fue la interlocución más prolífica, debido a que Lacan utilizó el comentario de Deleuze para su elaboración del seminario XVI, y luego, tal como ubicamos, en 1974 lo recordó.

El centro de esta investigación es la interlocución de Lacan con Deleuze respecto del libro *Lógica del sentido* en la objeción de Deleuze que toca la localización de la fuente de lo equívoco en el inconsciente freudiano. El intercambio conceptual público entre ellos se interrumpió, ya que no hay menciones explícitas a Deleuze por Lacan, luego del 19 de marzo de 1969.

Diferencias conceptuales radicales

Peter Hallward, en su texto *You can't have both ways: Deleuze or Lacan* (2010), analizó cinco grandes diferencias en las teorías de Lacan y Deleuze:

-los límites del campo de indagación;
-el estatuto de la subjetividad y de la intersubjetividad;
-el rechazo del proceso de representación;
-el repudio de Deleuze a la primacía de la significación y de lo simbólico; y
-la no-inclusión de la concepción del inconsciente en el universo deleuziano.

Deleuze se consideraba dentro del psicoanálisis antes de conocer a Félix Guattari, y es la época en la que se desarrolla esta investigación.

Es necesario construir la teoría del sentido de Lacan y Deleuze hasta la aparición de la objeción de Deleuze. Estos elementos convergen ya que cuando Lacan recibió *Lógica del sentido*, la interlocución que había con Deleuze velaba las diferencias que Deleuze produjo también en *Diferencia y repetición* de 1968. Lacan anunció que *Diferencia y repetición* tenía clara inspiración psicoanalítica, lo que no es evidente al considerar los conceptos en que divergían.

Para comprender la objeción de Deleuze es necesaria una descripción nítida de estas diferencias conceptuales. Por el estilo de *Lógica del sentido* ha sido necesario extraer los elementos a comparar ya que no están presentados de un modo sistemático.

Diana Rabinovich hizo una interpretación de *Lógica del sentido* de Deleuze relacionada a *Lógica del fantasma* de Lacan y se extraen de su análisis diferencias psicoanalíticas precisas (Rabinovich, 1995: s/e):

-el concepto de expresión que utiliza Deleuze, no es compartido por Lacan;
-en Deleuze quedan confundidos los conceptos de deseo y pulsión, y sujeto del inconsciente y sujeto de la enunciación;
-y esencialmente Deleuze no tiene objetivos clínicos y sí los tiene Lacan, de allí que a Lacan le importara una lógica del fantasma, que también puede interpretarse como una lógica de la significación;
-El concepto de significación para Deleuze es la relación de la palabra con conceptos universales y para Lacan la significación es la *Bedeutung* de Frege.

Desde un ángulo psicoanalítico, y en consonancia con la enumeración de P. Hallaward y de D. Rabionvich, es posible enumerar las diferencias conceptuales relevantes en Lacan y Deleuze, en 1969, dentro del marco de esta investigación:

-el sujeto
-el sentido
-el significante
-el complejo de Edipo
-la equivocidad del lenguaje
-el *fantasme*
-el objeto *a*

El concepto de sentido y de sujeto en Lacan y en Deleuze son disímiles en 1969. El sentido en Lacan es producto de la cadena significante, es un goce del cuerpo del que el sujeto es un efecto, atado al objeto *a*. El sentido en Deleuze es pre-subjetivo y neutral, y el sujeto es nómade, no sujetado (Bisso, 2013: 14-15).

La lógica del sentido de Lacan, su discurso del amo y del inconsciente, tiene al significante del nombre del padre como antecedente, e incluye al complejo de Edipo. El sujeto en Lacan tiene intención metafórica, no así la singularidad en Deleuze, que habita en la metonimia.

Deleuze no acepta el concepto del Complejo de Edipo y lo anuncia en *Diferencia y repetición,* en el que situó el amor a la madre dentro de una serie.

Respecto de la equivocidad en el lenguaje, Deleuze concibió su ontología en la Univocidad del Ser, y en esta concepción medievalista, spinozista y nietzscheana, el ser se dice en un mismo y solo sentido de todo lo que se dice, por lo que el lenguaje es unívoco. Esta concepción del lenguaje es clave en la objeción de Deleuze a la "tesis de Lacan" y es necesario haberla localizado para captar la orientación de la objeción, que separa a Deleuze del psicoanálisis.

Deleuze postuló su propio concepto de *phantasme* por fuera de la lógica significante, dos años después de que Lacan desarrollara su *Logique du fantasme* dentro de la lógica del significante.

El objeto *a* para Deleuze no es estructural, cuando sí lo es en Lacan, y esta concepción disímil del objeto *a* tiene incidencia en la univocidad y equivocidad, como se verá en el análisis a la objeción de Deleuze.

La diferencia de mayor grado jerárquico y nivel de abstracción entre Lacan y Deleuze es la ontología.

En Deleuze su teoría del sentido tiene por fundamento mayor la Univocidad del Ser, la ontología que se ha descripto anteriormente y, en Lacan, todo lo referente a la ontología es una vergüenza, tal como lo expresó el 8 de marzo de 1972.

Recepción de Lacan de *Lógica del Sentido* el día 12.03.1969

La recepción de Lacan de *Lógica del sentido* ocurrió en las clases del 12 y 19 de marzo de 1969 de su seminario XVI, *De un Otro al otro*. Lacan se dijo sorprendido por la aparición de *Lógica del sentido*, debido a que Deleuze no se lo habría anticipado luego de pasar sus tesis doctorales.

Deleuze defendió su tesis doctoral, dirigida por Maurice Gandillac, en enero de 1969 en La Sorbona (Dosse, 2009: 228-229).

Lacan no mencionó en su clase la tesis doctoral complementaria de Deleuze, *Spinoza y el problema de la expresión* (1968), a pesar de que Lacan fue lector de Spinoza e incluyó su doctrina en su propia tesis doctoral.

Lacan invitó a su audiencia a seleccionar y comentar un capítulo del libro. Jaques Nassif elegiría, invitado por Lacan, la tercera serie de *Lógica del sentido*, *De la proposición*, que analizaremos junto con su comentario en un próximo capítulo:

> No sería en vano que alguien, uno de ustedes por ejemplo, tome una parte de este libro. No digo el libro entero, porque es voluminoso, pero, en fin, está hecho como debe estar un libro, a saber, cada uno de sus capítulos implica el conjunto, de manera que se tiene el todo tomando de él una parte bien elegida (Lacan, 2006: 200).

Lacan elogió el trabajo de Deleuze en este libro, destacando el haber tratado la filosofía de los estoicos, y su referencia al *Seminario de la carta robada*, en lo que Deleuze llamó "la paradoja de Lacan", y que es posible considerar un verdadero homenaje.

Lacan también señaló la objeción de Deleuze, en un pie de página de la última serie del libro, como el único punto que se separa de lo que sería su doctrina, basándose en el artículo de Laplanche y Leclaire, "El inconsciente: un estudio psicoanalítico", que se publicó en *Les Temps modernes* de julio de 1961.

En el siguiente párrafo consta el pedido de Lacan en el que funda esta investigación:

> Desearía que alguien acepte dedicarse a entrar en los detalles, lo que seguramente me impide el exceso de obligaciones de mi recorrido, cuya naturaleza destina a no detenerse, y que todavía es largo. Se trataría de acercar lo que

enuncia Deleuze en el conjunto de esta obra y lo que se presenta en este informe, no carente de pertinencia, pero de una manera que representa una falla.
Habría que establecer por qué es una falla, y delimitar precisamente lo que tiene de fallido. También convendría mostrar de qué modo esta falta es coherente
con lo que en este informe se juega en torno de lo esencial de dar una justa
traducción, lo que significa una justa desarticulación, de la función llamada
Vorstellungsrepräsentanz y su incidencia respecto del inconsciente, como insis-
tí en varias oportunidades los años anteriores. Si alguien aceptara proponerse
para puntualizar esta cuestión, esta vez públicamente, vería en ello una gran
ventaja para los que se refieren a mi enseñanza, y que por supuesto la nutren, la
acompañan, la completan, a veces de modo esclarecedor. Siempre es en efecto
necesario ajustar lo que en tal o cual de los trabajos de estos alumnos no con-
venía enteramente para traducir, no lo que era en ese momento el eje de lo que
yo enunciaba, sino lo que la continuación demostró ser el verdadero eje (Lacan,
2006: 201-202).

Es importante recordar que Lacan concluyó la formalización de sus discursos, pocos meses después, el 17 de diciembre de 1969, en el comienzo
de su seminario XVII. Lo que se elaborará en este libro como su lógica del
sentido, el discurso del Amo y del inconsciente, el discurso que ilustra la articulación significante, y que ordena aspectos de lo que postula Deleuze. La
falla que Lacan intuyó en el postulado de Laplanche y Leclaire en ese ensayo
se esclarece si se analiza el discurso del Amo, que es el modo en que el inconsciente produce sentido en la cadena significante.

La objeción de Deleuze presenta otros supuestos de su propia producción
filosófica, y resulta un problema complejo a analizar, tal como se hará en este
trabajo.

En aquel entonces no hubo respuestas a la invitación de Lacan, por lo que
en la clase del 19 de marzo de 1969 expresó su sorpresa por la falta de eco
que tuvo esa provocación, tal como la llamó:

> La última vez, destaqué el libro de Deleuze sobre la *Lógica del sentido*, y esta
> vez le pedí a Jacques Nassif que les hablara de él, ya que a decir verdad no me
> asombra, sino, como se dice, me amarga la ausencia total de respuesta después
> de una provocación llevada también lejos.
>
> No es manipulación, justamente. Hay otras maneras de operar. Pero este
> silencio total, esa ausencia total de respuesta a mis pedidos desesperados de un
> breve testimonio, al menos... Les dejo la posibilidad de un recuperatorio - me
> pueden escribir. El escrito viene después del oral. En fin, si un día a fin de año
> hago dos o tres sesiones a puertas cerradas, sepan que aparte de las personas
> que ya conozco, las personas que me hayan escrito tendrán un privilegio.
>
> Nassif, ¿tiene aún el coraje después de esta sesión agotadora, al menos para
> mí, de tomar la palabra? Pues bien, es usted muy amable (Lacan, 2006: 224).

Esta investigación se ubica en el problema abierto, que Lacan situó en la página 250 del libro *Lógica del sentido*, que quedó sin responder y cuyo análisis se realizará recurriendo a conceptos de la enseñanza de Lacan.

La última referencia explícita que Lacan hiciera de Deleuze, en sus seminarios, fue la del 19 de marzo de 1969.

Laplanche, Leclaire y el problema de la doble inscripción

La objeción que realizó Gilles Deleuze en el pie de página de la última serie de *Lógica del sentido* tomó un elemento del artículo "El inconsciente: un estudio psicoanalítico", que se publicó en *Les Temps Modernes* nª 183 en París en julio de 1961.

Jacques Lacan comentó ese artículo en tres circunstancias diferentes. La primera de ellas fue en una clase de su seminario IX, *La Identificación*, del 10 de enero de 1962. En este comentario que hizo Lacan señaló que Laplanche y Leclaire dejaban un problema abierto:

> (…) se interrogan sobre la ambigüedad que permanece en la enunciación freudiana concerniente a lo que ocurre cuando podemos hablar del pasaje de algo que estaba en el inconsciente y que va al preconsciente. ¿Es decir que no se trata sino de un cambio de investimento, tal como ellos plantean muy justamente la cuestión, o bien hay doble inscripción? Los autores no disimulan su preferencia por la doble inscripción, así nos lo indican en su texto (Lacan, 10.01.1963, s/e).

El problema de la doble inscripción

El problema de la doble inscripción que Freud dejó abierto, Lacan lo mencionó el 10 de enero de 1962, el 1 de diciembre de 1965 y el 13 de enero de 1971, en *Radiofonía* y *Televisión*. Este problema, sus lecturas posteriores y una respuesta, por ejemplo en Lacan, amerita una investigación en sí misma. Es necesario precisar lo que Lacan llamó el problema de la doble inscripción porque es un concepto que antecede argumentalmente y da sustento a la objeción de Deleuze.

En el artículo "Lo inconsciente" de Sigmund Freud, de 1915, en el final del capítulo II. *La multivocidad de lo inconsciente*, queda sin responder dónde está inscripta una misma representación que pasa del inconsciente al consciente. Freud postuló que:

> (...) para una consideración superficial parecería comprobado que representaciones conscientes e inconscientes son transcripciones diversas, y separadas en sentido tópico, de un mismo contenido. Pero la más somera reflexión muestra que la identidad entre la comunicación y el recuerdo reprimido del paciente no es sino aparente (Freud, 1990: 171).

Freud cerró este capítulo con la declaración de que aún no estaban en condiciones de responder a este problema. En el capítulo VII. *El discernimiento de lo inconsciente*, Freud elaboró una respuesta al problema de la doble inscripción:

> De golpe creemos saber ahora dónde reside la diferencia entre una representación consciente y una inconsciente. Ellas no son, como creíamos, diversas transcripciones del mismo contenido en lugares psíquicos diferentes, ni diversos estados funcionales de investidura en el mismo lugar, sino que la representación consciente abarca la representación-cosa más la correspondiente representación-palabra, y el inconsciente es la representación-cosa sola. El sistema *Icc* contiene las investiduras de cosa de los objetos, que son las investiduras de objeto primeras y genuinas; el sistema *Prcc* nace cuando esa representación-cosa es sobreinvestida por el enlace con las representaciones-palabra que le corresponden (Freud, 1990: 198).

En estas dos referencias precisas se encontró la fuente de lo que Lacan llamó el problema de la doble inscripción. Es importante destacar que el capítulo en el que se encuentra el problema tiene por título *La multivocidad del inconsciente*, y el núcleo de la objeción de Deleuze tiene por tema equivocidad y univocidad en procesos primario y secundario. Existe una correspondencia clara, pero indirecta, entre ambos textos.

Lacan elogió el artículo de Laplanche y Leclaire diciendo que si el inconsciente es el lugar del sujeto en donde eso habla: "(...) algo, sin que el sujeto lo sepa, está profundamente modificado por los efectos de retroacción del significante implicados en la palabra".

Esta referencia de Laplanche y Leclaire de la doble inscripción se encuentra en la página 30 de la versión en castellano publicada en la selección que hizo Oscar Masotta y publicó en un libro llamado *El inconsciente freudiano y el psicoanálisis francés contemporáneo*, de Ediciones Nueva Visión de 1969. Deleuze seleccionó un elemento del problema de la doble inscripción que señalara Lacan, siete años después. Deleuze produjo la apariencia de un problema al asimilar el desplazamiento de sentido en la cadena significante con la univocidad. Esta versión deleuziana de la metonimia y la univocidad le da lugar a presentar su ontología, la univocidad del ser, que puede articularse con lo que Lacan llamó *yocracia* en su seminario XVII. Se tratará este punto preciso en el subcapítulo que se llama "Conjetura de Deleuze de lo que sería la 'tesis de Lacan'".

En la segunda ocasión en que Lacan trató este artículo fue en su clase del 12 de marzo de 1969, en la que recibió el libro *Lógica del sentido* de Gilles Deleuze, pidiendo que alguna persona de su auditorio comente la objeción de Deleuze y su relación al artículo de Laplanche y Leclaire.

El tercer momento en que Lacan mencionó al artículo de Laplanche y Leclaire fue en la clase del 21 de enero de 1970 del seminario XVII, *El envés del psicoanálisis*, en la que trató la verdad y el discurso universitario.

Planteó que lo verdadero es lo dicho, la frase, y que la frase no concierne al objeto. Aclaró que el significante concierne al sentido.

El sentido se encarga de ser. Lacan recurrió a Wittgenstein quien planteó que la verdad se inscribe en una proposición, y para quien la estructura gramatical era el mundo.

La tautología de la totalidad del discurso es lo que constituye el mundo, y se desprende del *Tractatus* que no hay metalenguaje. Lacan también hizo en esta clase una comentario acerca de la implicación material.

La verdad está vinculada a los efectos de lenguaje y esto nos conduce al inconsciente. Proponer que:

> (…) el inconsciente es la condición del lenguaje adquiere así el sentido de pretender que haya un sentido absoluto que responda por el lenguaje. Uno de los autores del discurso *L'Inconscient*, subtitulado, *Une ètude psychanalytique*, lo escribió en otro tiempo superponiendo una S a sí misma, poniéndola debajo y encima de una barra, tratada por otra parte arbitrariamente en relación con lo que yo había hecho. El significante designado de este modo, cuyo sentido sería absoluto es muy fácil reconocerlo, puesto que sólo hay uno que pueda corresponder a este lugar – es el Yo (*Je*). El Yo en tanto es trascendental, pero también ilusorio (Lacan, 1992: 66).

De este modo Lacan dice que S/S es el *Je*, y de este modo dice que

$$\frac{S \rightarrow}{S \rightarrow}$$

Deleuze situaría que como deslizamiento perpetuo del significante sobre el significante, univocidad, y metonimia en la lectura de este trabajo, es ni más ni menos que ilusorio.

Esta mención que Lacan hizo del artículo de Laplanche y Leclaire es parte de la respuesta que se construye en esta investigación, debido a que trata el problema del sentido y qué es el sentido en el campo de la conciencia, "que del lenguaje responda un sentido absoluto". Por su parte, la ontología de

Deleuze propuso que el ser se dice en un mismo y solo sentido. Esa univocidad deleuziana o el sentido absoluto en términos de Lacan es el agente del discurso universitario, S_2, que comanda ese lazo social. Es el discurso universitario el que produce un semblante de sentido absoluto o saber.

Al reconstruir las menciones de Lacan al artículo "El inconsciente: un estudio psicoanalítico" de Laplanche y Leclaire se halla una secuencia óptima para ordenar las distintas lecturas que hizo Lacan respecto del tema de la objeción de Deleuze. Este orden es solo el comienzo del análisis del problema que se aborda.

Acerca del comentario de Jacques Nassiff sobre *Lógica del sentido*

En agosto de 2014, un mes después de presentar mi tesis doctoral para que fuera evaluada, tuve la ocasión de conversar con Jacques Nassiff en un aula de la Universidad de Buenos Aires en ocasión de su conferencia "Yo no soy psicoanalista". Le conté cuál había sido el problema de investigación y la respuesta que había propuesto. Le recordé su intervención del 19 de marzo de 1969. Hizo un gesto con su mano derecha, enfatizando que ya habían pasado cuatro décadas. Creí notarlo sorprendido cuando le conté la solución a la que había arribado. Me contó anécdotas de aquel momento y allí tomé noticia de que había sido alumno de Jacques Lacan y alumno de Gilles Deleuze en esa época.

El 19 de marzo de 1969, Jacques Nassiff inició su intervención planteando que no le era posible responder la objeción de Deleuze, que consta en la página 289 de la edición original. Entonces, decidió comentar "De la proposición", la tercera serie de *Lógica del sentido*.

También señaló que Deleuze formuló en alguna parte de su libro que el psicoanálisis debería hacerse ciencia del acontecimiento. En este libro se sitúa esta formulación cuando Deleuze elaboró su propio concepto de *phantasme* y refirió a *Totem y Tabú* de Freud.

El análisis de Nassif comenzó citando: "(...) pertenece a los acontecimientos el ser expresados o expresables, enunciados o enunciables por proposiciones cuando menos posibles. Pero hay muchas relaciones en la proposición: ¿cuál es la que conviene a los efectos de superficie, a los acontecimientos?" (Nassif, 19.03.1969, s/e).

Luego resumió las tres categorías de relaciones en la proposición y ellas son designación, manifestación y significación. Luego de describirlas propuso una cuarta categoría que es la del sentido, y no expone de qué manera el sentido se relaciona con las tres, invitando a la audiencia a leer el libro de Deleuze. Finalmente, la posición de Nassif es favorable a Deleuze.

Luego analizó el ensayo de Laplanche y Leclaire situando los puntos que planteó como erróneos: la ausencia de la categoría del sentido, la oposición sentido y letra, la oposición saber y conocimiento, la oposición elemento y sistema, el efecto de sentido en Lacan, "Mundo de las significaciones" y la referencia al *fort-da* y la concepción del punto de capitonado.

Nassif comentó "la hipótesis del lenguaje reducido" en Laplanche, de esta manera, en la que toma nuevamente una posición favorable a Deleuze:

> Está dicho que el proceso primario tendría como eje de funcionamiento las leyes fundamentales de la lingüística. Creo que el libro de Deleuze permite definitivamente poner entre paréntesis esta falsa colusión del psicoanálisis con la lingüística, en la medida en que si el psicoanálisis es teoría del acontecimiento, no es, justamente, teoría de la performance. Pero en Freud se objeta inmediatamente; en Freud este es el lenguaje de la Psicosis. Entonces, para levantar la contradicción, se va a suponer que el proceso primario está lastrado por lo que se llama la cadena inconsciente; y el proceso primario más la cadena inconsciente, más ese lastre, producirán por una reacción casi química, el lenguaje. Y entonces, se produce la hipótesis de un lenguaje sobre un sólo plano. Con ese lenguaje uno se dice: "he ahí, uno se atiene a lo que se llama la superficie". El lenguaje del inconsciente sería una suerte de superficie que sería, justamente, la superficie del sentido (Nassif, 19.03.1969, s/e).

Este comentario de Nassif fue crítico con el artículo de Laplanche y Leclaire, y descriptivo con "De la proposición" de Deleuze, invitando a concluir su lectura luego de que él la introdujera.

Nassif no respondió a la objeción de Deleuze y señaló el concepto de sentido como cuarta relación en la proposición, recordando:

> En efecto, Deleuze, escribe también, en alguna parte en ese libro, que el psicoanálisis debería hacerse ciencia del acontecimiento. Es esta fórmula que yo me había permitido, en el Congreso de Estrasburgo, que voy a tratar de comentar siguiendo ese capítulo (Nassif, 19.03.1969, s/e).

Nassif recordó la interlocución entre Lacan y Deleuze, tanto a causa del concepto de masoquismo, como en *Diferencia y Repetición* y *Lógica del sentido*, treinta y seis años después de su intervención. El 27 de septiembre del 2005, en el coloquio *Lacan entre voix et écrit*, se refirió al pensamiento de Deleuze de ese entonces como "une pensée qui n'avait rien d'antinomique avec la psychanalyse".

Si se contrasta el comentario de Nassiff de 1969 y del 2005, con las diferencias conceptuales cruciales entre Lacan y Deleuze, y considerando una jerarquía conceptual en la enseñanza de Lacan, en la que el significante es primoridial entre 1958 y 1970, no se sostiene que el pensamiento de Deleuze no fuera antinómico con el psicoanálisis al desconocer la lógica significante, el sujeto, el objeto *a* como estructural.

Las referencia mutuas y elogiosas entre Lacan y Deleuze hasta 1969 distrajeron sus diferencias conceptuales radicales.

Se verá de qué manera el concepto de *lalengua,* creado por Lacan en 1971, responde cabalmente a la objeción de Deleuze.

La recepción de *Lógica del sentido* por Jacques Lacan fue enfática y señaló la necesidad de entrar en el detalle de la objeción de Deleuze.

En un próximo capítulo se ahondará en la interlocución entre Lacan y Deleuze, y en sus diferencias conceptuales cruciales.

Ya se ha situado la presencia del artículo de Laplanche y Leclaire en la enseñanza de Lacan, debido a que de allí Deleuze extrajo el elemento para postular su versión de la univocidad del proceso secundario.

Se recordó lo que Lacan llamó el problema de la doble inscripción en *Lo inconsciente* en Freud.

También se analizó la intervención de Jacques Nassiff del 19 de marzo de 1969, que no respondió al objetivo planteado por Lacan, y eligió una de las series fundamentales del libro con las que se construye la teoría del sentido de Deleuze en ese momento, la de mayor proximidad con Lacan.

No se encontró hasta el momento que la objeción de Deleuze a una "tesis de Lacan" fuera analizada de modo exhaustivo y se hallara una falla, como planteara Lacan. Quedó como un problema abierto que se eligió para esta investigación contando con que, más de cuarenta años después, diversos elementos en juego en este problema se esclarecieron y devinieron en otros conceptos, para lo que también fue necesario construir el concepto de sentido en la enseñanza de Lacan , ya que es el ámbito de su surgimiento.

La lógica del sentido de Lacan

Para poder contrastar la lógica del sentido de Deleuze de 1969 con los conceptos de Lacan, y así analizar la objeción de que se trata, fue necesario conjeturar la lógica del sentido de Lacan en esa misma época. Cabe aclarar que esta lógica del sentido de Lacan es una elaboración que se ha realizado en este argumento y no es literalmente una denominación que Lacan haya utilizado. Se ha planteado como una necesidad en el corte sincrónico de esta investigación, para situar puntualmente las diferencias radicales con la lógica del sentido de Deleuze en la que se encuentra la objeción que es objeto de análisis de este trabajo.

Se ha ubicado una lógica del sentido de Lacan en el discurso del amo o del inconsciente (Bisso, 2013: 7).

La progresión del concepto de sentido que se construye en esta investigación, a partir de 1953, evidencia que el discurso del amo y del insconsciente en Lacan tuvo antecedentes en 1956, 1958, 1964 y 1967. El concepto de sentido en Lacan, en este período, está articulado claramente al concepto de significante.

Antecedentes del discurso del amo

En el escrito *Lacan con Deleuze: lógicas del sentido* (Bisso, 2013) se establecieron cuatro elementos antecedentes al discurso del Amo o del inconsciente y, en esta tesis, la lógica del sentido de Lacan:

-el lenguaje como sistema de coherencia posicional en 1956;
-el efecto metafórico del Nombre-del Padre en 1958;
-la cadena significante como productora de sentido en 1964;
-la función del objeto *a* como *Bedeutung,* en 1967

El grafo del discurso del Amo y el inconsciente apareció en 1969, y puede constatarse fácilmente cómo se produjo la progresión, en orden cronológico, en 1964, 1967 y 1969:

$$\frac{S\!-\!-\!S'}{S}\ \text{sentido} \qquad \uparrow\frac{S}{\$}\ \nearrow\ \frac{S}{a} \qquad \uparrow\frac{S_1}{\$}\ \longrightarrow\ //\ \frac{S_2}{a}\downarrow$$

1964   1967   1969

Estos son los tres modos de escribir la cadena significante y la producción de sentido. Más tarde Lacan reemplazó el discurso del amo y del inconsciente por el nudo borromeo en su seminario XIX.

La objeción de Deleuze que se analizará tomó lugar en 1969, seis meses antes de que Lacan presentara la escritura de sus cuatro discursos.

Lógica del sentido

El 16 de noviembre de 1967, se encuentra en la primera clase del seminario XIV, *La lógica del fantasma*, lo que postulamos como un antecedente del discurso del amo, escrito así:

$$\frac{S}{\$}\ \nearrow\ \frac{S}{a}$$

En la descripción de ese gráfico explicó que el sujeto barrado es lo que representa para un significante, el significante de donde surgió un sentido. Es importante tener en cuenta la flecha que va del sujeto barrado al significante al que apunta, que es el del sentido.

Refirió al seminario XII, en el que comenzó citando la frase *Colorless green ideas sleep furiously* y que tradujo al francés *Dés idées vertement fuligineuses s´assoupissent avec fureur.* Jugó con el concepto de que las ideas se dirigen todas al significante de la falta de sujeto que funciona como el primer significante desde que el sujeto articula su discurso. E indicó que el objeto *a* tiene la función de lo que en Frege es la *Bedeutung*. Resultando el objeto *a* el primer referente, la primera realidad, lo que el poeta escribe sin saber lo que dice. El objeto *a* está después de todos los discursos. Efectivamente en esta explicación de Lacan el objeto *a* cumple claramente un valor lógico, ya que su escritura de pequeño *a* nombra un vacío, al objeto perdido freudiano. Ahora bien, estos "S" no tienen en este gráfico indicación de orden de llegada, no hay todavía el S_1 y el S_2 que indica su orden de aparición. Solo se cuenta con una flecha que va desde el sujeto barrado a lo que será el S_2 en el discurso del amo y del inconsciente.

En este grafo de la primera clase del seminario XIV se encuentra un rudimento aún no concluido que adquirirá su mecanismo articulado en el seminario XVII.

El discurso del amo y del inconsciente fue escrito por Lacan del siguiente modo a partir del 3 de diciembre de 1969, en el seminario XVII y que es el modo vaciado de sentido en que se muestra el funcionamiento del lenguaje como aparato del goce, ya que en el vector S_1-S_2 se escribe el saber, el sentido y el goce, y es así como funciona el inconsciente freudiano:

$$\uparrow \quad \frac{S_1}{\cancel{S}} \xrightarrow{} \frac{S_2}{a} \quad \downarrow$$

$$\;\; // $$

Y lo explicó de la siguiente manera:

Hay una relación primaria del saber con el goce, y ahí se inserta lo que surge en el momento en que aparece el aparato que corresponde al significante. Por eso es concebible que vinculemos con esto la función del surgimiento del significante. (…) En esa juntura del goce -y no cualquiera, sin duda debe permanecer opaco-, en la juntura de un goce privilegiado entre todos -no porque sea el goce sexual, puesto que lo que este goce designa por el hecho de estar en la juntura, es la pérdida del goce sexual, la castración-, es en relación con la juntura con el goce sexual que surge, en la fábula freudiana de la repetición, el engendramiento de algo radical, que da cuerpo a un esquema literalmente articulado. Una vez surgido S_1, primer tiempo, se repite ante S_2. De esta puesta en relación surge el sujeto, representado por algo, por cierta pérdida, ha valido la pena hacer este esfuerzo hacia el sentido para comprender la ambigüedad. No en vano el año pasado llamé plus de goce a este objeto, del que por otra parte dije que, en el análisis, toda la dialéctica de la frustración se organiza a su alrededor (Lacan, 1992: 17-18).

Entre el primer gráfico y el segundo existe la diferencia de que las flechas en el segundo ilustran un movimiento, que aún no ha sido escrito en el primer gráfico.

Lacan ilustró el surgimiento del sentido en 1967, y ubicó al objeto *a* como la primera referencia. Se trata de una lógica del sentido, en tanto muestra el mecanismo en que el sentido se produce.

Una gran diferencia entre el gráfico de 1967 y el de 1969 es el valor que adopta el objeto *a*.

En el primer gráfico, y en esa primera clase del seminario XIV, el valor del objeto *a* es lógico, y en el segundo tiene el estatuto de la pérdida de goce.

De lo que se llama el antecedente del discurso del amo del 16 de noviembre de 1967 al discurso del amo del 26 de noviembre de 1969, cambiaron tres de sus elementos. Los significantes que en 1967 eran S, en 1969 serán S_1 y S_2, en tanto el sujeto barrado y el objeto *a*, no modifican su escritura.

Sí existe un cambio en cómo concibe Lacan al objeto *a*, en el período de estos dos años.

Jacques-Alain Miller, en su clase del 24 de mayo de 2006, en el seminario *Iluminaciones profanas*, desarrolló el cambio que fue teniendo el concepto de Otro en la enseñanza de Jacques Lacan y la relación con el objeto *a*.

En esa clase Miller enumeró las distintas formas del Otro en la enseñanza de Lacan: el lugar de la verdad, el tesoro de los significantes, batería significante completa, sujeto supuesto saber, y el Otro del seminario 16 que es un Otro hojaldrado, de una estructura indefinidamente repetida. En esta versión del Otro, este coincide con el objeto *a*. Es un Otro como un cuerpo vaciado de goce que tiene una función significante:

> Pero cuando Lacan puede decir que el Otro es el cuerpo, dice que el cuerpo en función aquí está vaciado para convertirse en una función significante. A continuación, ese cero barrado equivale al objeto *a*, en tanto objeto *a* es simultáneamente pérdida de goce y el plus-de-goce que la repara (Miller, 2006: 53).

En el escrito *El seminario sobre La carta robada*, Lacan había comparado a la carta como un gran cuerpo de mujer. Y, ante la perspectiva de que Dupin le entregara la carta a la policía, y la pérdida del contenido del mensaje de manos del Ministro, se preguntó: "¿Qué es lo que queda de un significante cuando ya no tiene significación?" (Lacan, 1975: 33).

En su seminario 3, en el año siguiente al del *Seminario sobre La carta robada*, Lacan afirmó que "El significante es el instrumento con el que se expresa el significado desaparecido" (Lacan, 1984: 317).

Entonces, ante la pregunta de qué es lo que queda de un significante cuando ya no tiene significación, un S_1 solo, y la definición de que el significante es lo que expresa el significado desaparecido pasamos al S_1-*a*. Aquí no estamos en la problemática referencial del lenguaje, que Lacan trató en el seminario XII, cuando refirió al *Cratilo,* diálogo de Platón que ahonda en la exactitud de los nombres y a los nombre propios como problema lógico.

Entonces, el primer significante, S_1, es significante que apunta a nombrar al objeto *a*, el referente y significado desaparecido por excelencia.

Aquí se ubica de qué modo la carta robada fue en la enseñanza de Lacan un antecedente del objeto *a*.

El sentido y lo unívoco

Tanto Lacan como los estoicos no compartieron la necesidad del régimen filosófico normal que hizo equivaler el decir y el significar algo, esa necesidad de Aristóteles de limitar a los sofistas instaurando significaciones inamovibles, tal como lo hizo en su *Metafísica*. El principio de no-contradicción tiene sustento en la univocidad del sentido. No es posible que la palabra tenga y no tenga el mismo el sentido en el mundo aristotélico (Cassin, 2013: 95).

El discurso del amo y del inconsciente se cree unívoco, indicó Lacan el 11 de marzo de 1970. Su verdad está enmascarada y es el sujeto que no es unívoco, haciendo referencia a la *Spaltung*: donde no es, piensa, y donde no piensa, es.

El lugar de la verdad en el discurso del amo está ocupado por el sujeto barrado, que no tiene localización, y que no es. Lo que Lacan llamó su fórmula insistente, *O no pienso o no soy,* y que él ubicó en el seminario XV, pero que ya estaba en 1957, en su escrito *La instancia de la letra...*: "(...) pienso donde no soy, luego soy donde no pienso. Palabras que hacen sensible para toda oreja suspendida en qué ambigüedad de hurón huye bajo nuestras manos el anillo del sentido sobre la cuerda verbal" (Lacan, 1975: 498).

Lacan recurrió a su variación del *cogito ergo sum* cartesiano para señalar la relación del sujeto con la razón. En el corazón del psicoanálisis quedó claro que el sujeto no está alojado en la conciencia. El pensamiento no es evidencia de la existencia. Si fuera así, Descartes no hubiera necesitado conjeturar su existencia de su pensamiento, ya que hubiera sido tautológico, una mera obviedad. La sentencia *Je pense donc je suis* fue leída por Lacan descentrando a la razón de su júbilo moderno. "Si *donde no es, piensa, y donde no piensa, es,* es precisamente porque está en los dos lugares" (Lacan, 1992: 109).

En la argumentación que se desarrollará es importante haber aclarado que lo unívoco no es posible en el inconsciente freudiano y transferencial y ese es el concepto de inconsciente que está en vigencia en el psicoanálisis en el momento en que Deleuze publicó su objeción, en 1969.

Uno de los argumentos para ilustrar la equivocidad potencial en el discurso del inconsciente es la naturaleza misma del sujeto, uno de sus elementos integrantes. Cada uno de los discursos producen equivocidad en la medida en que el sujeto los integra, a excepción del discurso del analista que en su piso inferior impide que S_1 haga cadena con S_2, por lo que el discurso del analista se sirve de la división subjetiva para producir significantes sin-sentido.

Los discursos del Amo e Inconsciente, de la Histérica y Universitario, por contener como componente al Sujeto dividido, y al vector S_1 - S_2 son pasibles de producir equivocidad, contienen en su constitución lo no-unívoco: el Sujeto barrado.

Por lo tanto, lo unívoco no está incluido en los discursos. Como se tratará en el próximo punto, las psicosis están fuera de discurso.

Es a partir del seminario 23, *El Sinthome*, en el período 1975-1976, en el que Lacan desarrolló el concepto de inconsciente real, tal como encontramos en el capítulo "Piezas sueltas en la infancia", en el libro *Las psicosis. Lo clásico y lo nuevo*:

> Si lo acentuado es la producción de sentido, la producción de un S_2, el llamado al Otro y la cadena significante, nos encontramos bajo las leyes del inconsciente transferencial y de las neurosis, por las posibilidades de producción de sentido. Si ese inconsciente transferencial queda agujereado por el inconsciente real que no obedece a las leyes del lenguaje, en la medida en que en el análisis circunscribimos ese punto real que escapa a la producción de sentido y a la producción de una historia, nos acercamos a las psicosis, porque nos aproxima a la producción de un S_1 que no se enlaza a la producción de la cadena significante (Tendlarz, 2009: 127).

El inconsciente en el que se produce un llamado al Otro y la cadena significante es un inconsciente que es causado por el objeto *a*, tal como hemos analizado en el discurso del amo e inconsciente, por lo tanto el objeto *a* es el que causa la repetición y la producción de sentido.

"La función propiamente metafórica del significante consigue llevar a cabo lo que Lacan escribe de manera enigmática: el significante entra en el significado y surge entonces un efecto de significación, de univocidad" (Miller, 1998: 405).

Este efecto de univocidad es un efecto de condensación. Tal como plantea Jacques-Alain Miller, es un efecto de significación o univocidad. Es importante aclarar que no es la univocidad en sí. En la medida en que la operación del analista manipula la función metafórica, por ejemplo en la cita, se evidencia la equivocidad o polisemia.

La metáfora condensa distintos sentidos, y es el recurso por excelencia del arte poético.

Como se tratará próximamente, Deleuze no incluye en su teoría del sentido al objeto *a* como pérdida de goce, tal como planteara Eric Laurent[1].

Se define lo unívoco como lo que produce solo un sentido: S_2. Distinto de lo mudo, que no produce significación. Un S_1 aislado es mudo, y tampoco se significa a sí mismo, como Lacan aclaraba en la primera clase del seminario XIV, ya tratado.

Un ejemplo de lo que tiene un solo sentido, lo unívoco, es evidente en la certeza psicótica, que no admite asociación libre ni distintas interpretaciones por parte de quien la produce.

La significación cerrada del fantasma

El fantasma es el garante del deseo del Otro como su sostén imaginario (Lacan, 2006: 93). También puede definírselo desde los registros Simbólico e Imaginario. En el seminario XIV, *La lógica del fantasma,* se privilegia el registro simbólico, en tanto se define al fantasma como una frase de estructura gramatical, y en el seminario XX, *Aún*, se postula que el fantasma surge en lo real, donde no hay escritura posible de la relación sexual.

La significación del fantasma se ubica en los registros Imaginario y Simbólico, ya que es sentido. Existe un rasgo de la significación del fantasma, que Lacan nombró como "cerrada" o "congelada". En tanto es una significación cerrada o congelada, resiste.

El fantasma es una frase con una estructura gramatical y está estructurado como un lenguaje, aun más que el resto del inconsciente. Estas dos precisiones de Lacan se encuentran en el 14 de junio de 1967, la ante-última clase de su seminario XIV.

En la clase siguiente, la del día 21 de junio de 1967, Lacan planteó que el fantasma era algo hecho para usarse, y que es un arreglo con el que el neurótico ornamenta la carencia de su deseo en el campo del acto sexual[2].

Tal como trató en su seminario XII, toda estructura gramatical produce sentidos. Así lo ilustró con la frase de Chomsky *Colour green ideas sleep fouriously.*

El fantasma produce sentido por su estructura gramatical, pero es preciso una mayor exactitud y señalar que Lacan planteó que el fantasma produce una *signification fermée*, significación cerrada, que soportan los neuróticos. Luego en el seminario XVI, en la clase del 13.11.1968, usó el verbo *geler.* De

---

[1] Entrevista con Eric Laurent para esta investigación ocurrida el 25.04.2012.
[2] Se encontrará una variación de esta definición en la clase del 13 de febrero de 1973.

la expresión "cerrada", *fermée*, pasa a "helada", *gelée*, para ilustrar la significación del fantasma.

En el seminario XVIII, en la clase del 20 de enero de 1971, Lacan planteó que el fantasma resiste y que no es plegable en todos los sentidos. Y, postuló que es el discurso analítico el que pone en funcionamiento al fantasma al interrogar al Sujeto barrado desde el objeto *a*:

$$\uparrow \quad \frac{a}{S_2} \longrightarrow \frac{\cancel{S}}{S_1} \quad \downarrow$$

Lo que el discurso analítico produce son significantes sin-sentido, por lo que la significación cerrada o congelada del fantasma se conmueve.

En el seminario XIX, el 21 de junio de 1972, describió al fantasma como la relación entre el objeto *a*, una condensación que es causa del deseo, y el sujeto, como hendidura alrededor del objeto *a*. Aclaró que el objeto *a* está siempre entre los significantes y el sujeto siempre está hendido (Lacan, 2012: 226).

La significación cerrada del fantasma que vincula al sujeto y al objeto *a*, elementos constitutivos del fantasma, puede escribirse con el discurso del amo y del inconsciente. En este próximo gráfico se han destacado los vectores que van del sujeto barrado al objeto *a*, por la vía de la significación-sentido que se produce en el inconsciente. Se usa aquí una elaboración posterior de Lacan, que se encuentra en su seminario XVII, para tratar un concepto del seminario XIV.

$$\uparrow \quad \frac{S_1}{\cancel{S}} \longrightarrow \frac{S_2}{a} \quad \downarrow$$

Si el fantasma está estructurado como un lenguaje, aun más que el inconsciente, la escritura del inconsciente mismo es un modo ejemplar de representar la producción de la significación del fantasma.

Otro elemento a destacar es que en esa significación cerrada se produce goce. El fantasma con su significación cerrada produce un goce en el cuerpo.

La introducción del goce en el cuerpo por la vía del S_1 es una elaboración de Lacan que se encuentra en la primera clase del seminario XVII.

La función que cumple esta significación cerrada del fantasma en las neurosis es la de tratar el registro Real con el registro Simbólico.

El fantasma tiene un sentido en lo real, en la medida en que surge en el lugar donde falta el significante, el objeto *a*. El fantasma tiene un sentido en lo real por la *bedeutung* al objeto *a*. En este aspecto es que aparece el objeto *a* como primera *Bedeutung*. El 13 de febrero de 1973, en su seminario XX,

Lacan fue explícito respecto de la relación del fantasma con lo real, planteando que siendo el objeto *a* quien ocupa el lugar de lo real, es allí donde surge el fantasma (Lacan, 1989: 78).

La significación es cerrada en el fantasma, en las neurosis, y no es absoluta, debido a que el objeto *a* cumple su función.

Es una significación congelada, y cerrada, en la medida en que tiene un sentido en lo real.

Es el objeto *a* y su par S_1 quienes producen en el lenguaje la equivocidad potencial. En las psicosis, el objeto *a* no opera articulando con el S_1 al lenguaje, por lo que la univocidad es posible y se manifiesta en la certeza del delirio en el psicótico.

Entonces, en la lógica de la interpretación psicoanalítica, que se sirve de la lógica del fantasma, es el objeto *a* cumpliendo sus funciones lo que asegura que se pueda intervenir por la vía del equívoco en el significante. Es el horizonte de la destitución subjetiva, del fin de análisis en su versión de 1967.

El modo de conmover la significación cerrada del fantasma es causar desde el lugar del analista ese decir, asociación libre, y luego intervenir separando el ser del pensar. El analista trabaja en contra de la reflexión del yo, opera en el reverso del inconsciente.

Lacan desarrolló su lógica del fantasma en los seminarios XIV y XV, en ella da cuenta del fantasma y su relación con el inconsciente, y fue representada en el grupo de Klein (modificado por Lacan) en la disyunción "o no pienso o no soy". Lacan la vinculó directamente al acto analítico.

Por otra parte, la lógica del significante de Lacan fue representada por la gran fracción saussureana, en la que se formaliza la producción del sujeto como efecto de sentido. Esta lógica del significante ha ido en contra del señuelo del signo.

Aunque la lógica del fantasma que desarrolló Lacan se enmarcó en el concepto de acto analítico, hemos tratado en este punto que es posible leerla en el discurso del Amo y del inconsciente, en el vector que va del sujeto barrado al objeto *a*. Esta es una correlación entre ambas lógicas.

Las psicosis están fuera de discurso

Considerando que en la lógica del sentido en psicoanálisis son necesarios los elementos descriptos anteriormente, el objeto *a* en su función de pérdida de goce y plus de gozar, el significante amo, S_1, y su par S_2, componiendo la producción de sentido que tiene por efecto al sujeto barrado, las psicosis al no participar de esta lógica, quedan por fuera del discurso.

El delirio psicótico, en su efecto restitutivo, puede escribirse como un S_1 - S_2 sin que produzca un sujeto barrado. Es habitual que el psicótico defienda el sentido de su delirio, y lo plantee como unívoco. En su clase del 21 de enero de 1970 Lacan refirió al ensayo *L´Inconsciente, Une étude psychanalytique*, el ensayo de Laplanche y Leclaire sobre el que Deleuze fundó la objeción que se analiza en esta tesis. Comentó que uno de sus autores superpuso la S sobre sí misma, de modo arbitrario y en relación con la gran fracción saussureana que él había tratado. El modo en que en ese ensayo se lee la S superpuesta sobre sí misma produce un sentido absoluto, y que Lacan leyó como el *Je* (Yo). A este efecto le llamó *Yocracia*. Y, Lacan planteó: "Antes he hablado de psicosis. En efecto, hay tal coincidencia del discurso más seguro con un no sé qué impresionante que se insinúa como psicosis, que lo digo simplemente porque me produce ese efecto" (Lacan, 1992: 67).

El sentido absoluto que se espera del lenguaje es solidario de la psicosis. Esperar un sentido absoluto es evitar el desplazamiento de sentido que pone al objeto *a* entre los significantes, lo que requiere del falo simbólico en su función de coordinación, es por lo tanto evitar la ausencia de un significante en el Otro.

El psicótico se ubica, en la representación de los discursos, en el lugar de agente como un objeto *a*, de allí que Lacan diga que la posición del filósofo al que se refiere, de estructura psicótica, se parezca en su posición al discurso del analista, y que al defender su verdad, su delirio, evite la roca viva de la castración, tal como es esperable que haga un psicótico que defiende su estabilización.

Es importante destacar que se trata de un parecido con el discurso analítico, ya que el psicótico no se incluye en los discursos al no contar con el nombre-del-Padre como metáfora que hace de punto de capitonado ligando las cadenas del significante con las del significado, o bien, con el binomio

$$S_1 \text{ -}a.$$

La propiedad polisémica del lenguaje es la *vía reggia* para que el psicoanalista, tras operar sobre la función metafórica, produzca sin-sentido. Los modos de intervención "manipulan", tal como dijo Lacan, la función metafórica, demostrando que no hay un solo referente, y que un significante produce más de una significación. No existe la univocidad en la lógica de los discursos. Esta última afirmación esclarece que el desplazamiento de sentido no podría fundarse en lo unívoco tal como Deleuze planteó en su objeción:

A partir de esta tesis, el orden primario del lenguaje se definiría por un deslizamiento perpetuo del significante sobre el significado, suponiendo que cada palabra no tenga sino un solo sentido y remita a las otras palabras por una serie de equivalentes que este sentido le abre (Deleuze, 2005: 250).

En este comentario de Deleuze, no existe la posibilidad de la metáfora. Sobre la objeción de Deleuze se volverá exhaustivamente en la cuarta parte de este libro.

En lo que respecta al período 1969-1970 en la enseñanza de Lacan, se define a la equivocidad como una propiedad del discurso del inconsciente debido a que este está integrado por el sujeto que no es unívoco. La equivocidad es potencial en la medida en que no se altere la función metafórica. El modo de alterarla es impidiendo la producción de sentido, efecto del discurso del analista que se escribe en su piso inferior: $S_2 \; /\!/ \; S_1$.

En esta construcción de una lógica del sentido de Lacan, se encontró una preponderancia del uso de la gran fracción saussureana y una concepción del sentido prioritariamente imaginaria, con incidencia del gran Otro.

La elaboración de los discursos por Lacan consagran su lógica del sentido en el discurso del Amo y del inconsciente, y a través del discurso del analista, la lógica de la interpretación psicoanalítica, que es la de producir significantes sin-sentido hacia 1970.

En este último momento de elaboración de sus discursos es donde surgió la objeción de Deleuze.

A continuación se analizará el concepto de sentido en Deleuze en 1969, enmarcado en su obra filosófica de ese momento singular.

El concepto de sentido en Deleuze

Es necesario conocer la teoría del sentido en la obra de Gilles Deleuze en 1969, en el momento en que produjo la objeción a la tesis de Lacan, con el objeto de analizar sus supuestos.

Situados sus elementos se responderá la objeción desde el psicoanálisis teniendo como telón de fondo las diferencias ya tratadas.

Lógica del sentido y *Diferencia y repetición* constituyen el período en que Deleuze expresó sus elaboraciones más propias.

La primera etapa de su obra está integrada por las lecturas que hizo de Hume, Kant, Bergson y Spinoza, en una historia de la filosofía preliminar, que logra su expresión más acabada en *Diferencia y repetición*. La tercera fase de la obra de Deleuze está marcada por su trabajo con Félix Guattari.

De los elementos que se tratan en esta parte de la investigación, la univocidad del ser es crucial para comprender la objeción que Deleuze hizo a la "tesis de Lacan".

Se han encontrado distintos modos de nombrar la ontología deleuziana, por ejemplo como una ontología de la diferencia o una ontología del acontecimiento. En esta lectura, su ontología es la univocidad del ser, que él definió como heredada de Duns Scoto, Nietzsche y Spinoza (Deleuze, 2002: 77-80).

Se han seleccionado las series de *Lógica del sentido* más representativas de estos conceptos que confluyen en la objeción que se analizará.

Lógica de las multiplicidades

El pensamiento de Deleuze es descentrado, en series y con el modelo de un laberinto que evita la organización. Así lo describió Michel Foucault, su lector crítico más próximo y representativo de su época. Su comentario de *Diferencia y repetición* (1968) y *Lógica del sentido* (1969), en "Theatrum Philosophicum" de 1970, ubicó a estos dos libros como de gran importancia y complejidad. Allí fue donde Foucault auguró que tal vez el siglo sería deleuziano.

La dupla monismo-multiplicidad como el rasgo más distintivo de la filosofía de Deleuze no evitó que Philippe Mengue publicara en 1994 *Deleuze o el sistema de lo múltiple*, calificando su obra de intempestiva. Planteó que el camino de Deleuze fue modesto y, por este rasgo también, subversivo, y que la obra es ardua y no facilita la lectura, tal como lo introdujera Foucault. También formuló un problema para hacer el análisis crítico del conjunto de su producción, y es que cada obra de Deleuze se presenta como "una encrucijada de acontecimientos donde se cruzan transversalmente líneas de pensamientos heterogéneos, ¿cómo una apariencia de visión sinóptica podría tener lugar sin producir una deformación represiva de lo múltiple?" (Mengue, 2008: 44). La solución que encontró Mengue ha sido pensar la presencia de lo múltiple en el pensamiento.

Mengue encontró un sistema en *Mil mesetas*, obra de Deleuze que no está incluida en esta investigación, ya que es posterior y presenta modificaciones respecto de lo que es central en esta tesis. El sistema en *Mil mesetas* es un sistema abierto, al modo de una "heterogénesis".

También señaló a los filósofos que han influido de modo más contundente en el pensamiento de Deleuze y han sido Spinoza y Nietzsche. De este último, hay tres elementos primordiales a considerar: el heraclitismo de los flujos, el pluralismo de las diferencias y la inmanencia.

Tal como se tratará, la singularidad en Deleuze que se comparará con el sujeto en Lacan es claramente de inspiración nietzscheana, así lo afirma otro lector crítico y canónico de Deleuze, François Zourabichvili.

Lacan señaló la suprema elegancia de Deleuze en la recepción de 1969. La literatura tiene una gran presencia en sus textos, y de modo muy pronunciado, en *Lógica del sentido*. Su pasión temprana por Sartre tuvo influencia importante. Sartre fue quien encarnó "la posibilidad de conjugar la actividad especulativa y creación literaria. Es una lección precoz que toma el joven Deleuze, que nunca negó su deuda hacia Sartre"(Dosse, 2009: 125).

Presentación de Sacher-Masoch: lo frío y lo cruel es un ensayo de estilo literario en que Deleuze se sirve del complejo de Edipo del psicoanálisis freudiano para interpretar *La Venus de la pieles*. Este es otro libro de clara proximidad con el psicoanálisis.

Este lazo entre literatura y filosofía aparece en un recuerdo de Deleuze: "Cuando me enteré de que había conceptos, me causó el mismo efecto que para otros hubieran causado los personajes de una novela fantástica. Me pareció tan vivo, tan animado" (Dosse, 2009: 122).

Deleuze definió a la filosofía como un campo de creación de conceptos y para esta concepción se sirvió de la intersección con distintos campos como el cine, la pintura, la literatura y el psicoanálisis.

Slavoj Žižek, en su libro *Órganos sin cuerpo*, organizó la obra de Deleuze considerando no solo sus escritos en sociedad con Félix Guattari sino la inclusión de la política:

> La línea propia de Deleuze es la de las primeras grandes monografías (las fundamentales son *Diferencia y repetición* y *Lógica del sentido*) así como algunos de sus más breves escritos introductorios (como *Proust y los signos* y al *Introducción a Sacher-Masoch*). En su obra tardía, son los dos libros sobre el cine los que marcan un regreso a los motivos de *Lógica del sentido*. (…) Es de importancia crucial señalar que *ni uno sólo* de los textos propios de Deleuze es, de ninguna manera, directamente político. Deleuze "en sí mismo" es un autor muy elitista, indiferente a la política (Žižek, 2006: 38).

Esta investigación se sitúa en 1969, cuando aún Deleuze no conocía a Félix Guattari, y en términos de Žižek, en la línea propia de Deleuze.

Alain Badiou, en *El clamor del ser*, publicado en 1997, aisló tres elementos en la filosofía de Deleuze. El primero de ellos es que su obra es una metafísica del Uno, el segundo es que su pensamiento postula una ascesis y desposesión, y el tercero es que el pensamiento de Deleuze es sistemático y abstracto (Badiou, 1997: 32-33).

Tal como Badiou plantea que la filosofía de Deleuze sea una metafísica del Uno produce una disputa y descarta el término "debate" debido a que Deleuze no practicaba la discusión en público. Sí se ha ubicado en esta investigación que la interlocución se construye en sus escritos, y se han encontrado intercambios conceptuales con Lacan.

François Dosse no acordó con Alain Badiou la lectura que hizo del Uno en Deleuze, tal como consta en *Gilles Deleuze y Félix Guattari. Biografía cruzada*. François Zourabichvili también indicó un malentendido en la lectura del Uno que hizo Badiou, cuando trató el concepto de Multiplicidad en *El Vocabulario de Deleuze* (Zourabichvili, 2007: 68).

Badiou conjeturó que el método de Deleuze exige que se parta de un caso:

> Esto explica por qué no hay para él ninguna diferencia significativa entre un tratado dogmático (*Diferencia y repetición,* por ejemplo), un libro perteneciente a la historia de la filosofía clásica (*Spinoza y el problema de la expresión*), la conversación con un gran contemporáneo (Foucault), una suma sobre algún arte en particular (*La imagen-movimiento* y *La imagen-tiempo*), o una meditación sobre un escritor (*Proust y los signos*). Se trata siempre de señalar *los casos de un concepto*. Si el caso no está primero, es que pretendemos pasar del concepto a la variedad que subsume. Al hacer esto, restablecemos la trascendencia platónica de la Idea y somos fieles al programa nietzscheano que Deleuze no cesa de evocar: el deber filosófico contemporáneo se llama "invertir el platonismo" (Badiou, 1997: 28).

En este párrafo transcripto se encuentra una descripción de la obra de Deleuze que conduce a otro elemento primordial de su pensamiento y que es su antiplatonismo.

Antiplatonismo

Deleuze expresó su decisión de derrocar al platonismo en *Diferencia y repetición*: "Derrocar al platonismo significa lo siguiente: negar la primacía de un original sobre la copia, de un modelo sobre la imagen, glorificar el reino de los simulacros y de los reflejos" (Deleuze, 2002: 115).

Este movimiento de crítica al platonismo, a la subsunción a la Idea, es solidario de su pensamiento que, como se ha descripto, ocurre en la multiplicidad, sin sujeciones, reducciones o jerarquías.

En *Lógica del sentido* Deleuze dio una clave para su empresa antiplatónica:

> Los acontecimientos son singularidades ideales que se comunican en un solo y mismo acontecimiento; tienen además una verdad eterna, y su tiempo nunca es el presente que los efectúa y los hace existir, sino el Aión ilimitado, el Infinitivo en el que subsisten e insisten. Los acontecimientos son las únicas idealidades; e invertir el platonismo es en primer lugar destituir las esencias para sustituirlas por los acontecimientos como fuentes de singularidades. Una doble lucha tiene por objeto impedir cualquier confusión dogmática del acontecimiento con la esencia, pero también cualquier confusión empirista del acontecimiento con el accidente (Deleuze, 2005: 73).

Deleuze opuso el acontecimiento a la Idea platónica, y de este modo asegura la multiplicidad en el centro del pensamiento. Y, los ubica en un tiempo no cronológico, el Aión, lo que evita un ordenamiento secuencial y jerarquizable. Las esencias tendrían por efecto un detenimiento y cristalización a diferencia del acontecimiento que ocurre fuera de la subjetividad y de la razón.

La oposición original y copia que mencionó Deleuze está planteada en el *Sofista* de Platón. Foucault se preguntó, en "Theatrum Philosophicum", en qué filosofía no se ha intentado invertir el platonismo y justamente sería en el imitador que aparece en el diálogo *Sofista* de Platón. Y, caracterizó en la obra de Deleuze, un "platonismo invertido" que consiste en "desplazarse en la serie platónica y provocar en ella la aparición de un punto relevante: la división" (Foucault, 1995: 9). Lo nombró como un "paraplatonismo descoronado":

> Invertir, con Deleuze, el platonismo, es desplazarse insidiosamente por él, bajar un peldaño, llegar hasta este pequeño gesto -discreto, pero moral- que excluye el simulacro; es también desfasarse, ligeramente con respecto a él, abrir la puerta, a derecha o a izquierda, para el chismorreo al sesgo; es instaurar otra serie desatada y divergente; es constituir, merced a ese pequeño salto lateral, un paraplatonismo descoronado (Foucault, 1995: 11).

Serge Cottet indicó que Deleuze se sirvió el psicoanálisis para su empresa antiplatónica, y señaló que Deleuze operó una "subversión del sujeto de la filosofía clásica" (Cottet, 2005: 15). Y, también aclaró que adhería a lo múltiple en contra de lo Uno, y persiguió en toda su obra a los secuaces del ideal de unidad.

Badiou describió la imagen de Deleuze contemporánea que incluye el antiplatonismo de este modo:

> Se piensa también que participa de la "deconstrucción" moderna (¿posmoderna?), debido a que realiza una crítica decisiva de la representación, sustituye la búsqueda de la verdad por la lógica del sentido, combate los ideales trascendentes en nombre de la inmanencia creadora de vida, en síntesis: aporta su grano de arena a la ruina de la metafísica, a la "inversión del platonismo", gracias a la promoción, contra el nomos sedentario de las Esencias, del *nomos* nómade de las actualizaciones precarias, de las series divergentes, de las creaciones imprevisibles (Badiou, 1997: 21-22).

Badiou incluye a Deleuze en un movimiento epocal y utiliza términos como "ruina" de la metafísica o actualizaciones "precarias", estos rasgos anticipan que su lectura de Deleuze discrepa con otros lectores críticos más elogiosos, y no da por derrocado al platonismo.

Cuando Badiou postuló que en Deleuze se va del caso al concepto, se encuentra coincidencia con la postulación de Deleuze que el acontecimiento debe reemplazar a la Idea, y el caso es el acontecimiento en toda su claridad.

Por su parte, Mengue situó en *Diferencia y repetición* el momento de oposición al platonismo de esta manera:

> (...) se había consagrado a una rehabilitación de los simulacros y los fantasmas, a esas suertes de "imágenes" que se propagan sobre los ojos o se reflejan sobre toda superficie lisa y luminosa (y que para Platón son rebeldes a cualquier acción de la Idea) (Mengue, 2008: 359).

El combate contra la Idea platónica en Deleuze es muy ilustrativa de su pensamiento en la medida en que pone el acento en el elemento más singular que importa de los estoicos, el acontecimiento, referencia que también estaba en la enseñanza de Lacan tempranamente, en relación con el *lekton,* o la prehistoria del significante.

Cambiar a la filosofía creando conceptos, como su propósito más radical significó en su caso descentrar la Idea cristalizada, sin vida y estática. Es necesario, entonces, recordar qué era un concepto en filosofía para Deleuze, distinto de la Idea platónica. Se encuentra en *¿Qué es la filosofía?* que el concepto para Deleuze es un todo de repartición, de intersección, compuesto diverso de elementos que se reúnen en las intersecciones, es un todo fragmentario, y que no está esperando a los hombres en un cielo eterno.

La paradoja es el modo de pensamiento privilegiado en la filosofía de Deleuze, y es solidaria de su filosofía de la multiplicidad, debido a que no produce verdades absolutas, sino que muestra las series múltiples, sin sujeción, haciendo obstáculo a la cristalización de un pensamiento jerarquizado. Es el núcleo central de su elaboración del concepto de sentido, integrado por paradojas interiores, y sin un sujeto lector, en las singularidades múltiples errantes en el "esplendor del acontecimiento".

El sentido es la maquinaria que usa Deleuze para fundamentar la producción continua del pensamiento (Wahl, 2002: 46), y es bajo la forma de la paradoja. El concepto de acontecimiento también se imbrica en el de paradoja y sentido.

Acerca del libro *Lógica del sentido*

Lógica del sentido es un ensayo de novela lógica y psicoanalítica. Se incluye en el período de su filosofía analítica, cuando Deleuze comenzó a hablar en su nombre (Deleuze, 2005: 15), tal como lo analiza Miguel Morey.

Es un libro dedicado a elaborar la relación entre los signos y el sentido, y en versión de P. Mengue, independientemente de la lingüística saussureana y la teoría lacaniana del significante (Mengue, 2008: 360). Esta independencia es relativa, debido a que Deleuze da su concepción del significante como signo, no sin remitir a Lacan en distintas oportunidades y, sobretodo, respecto de lo que llamó "la paradoja de Lacan".

Deleuze se incluía en el psicoanálisis en 1969, y esto se deduce de su afirmación de que fue Guattari quien lo sacó de este campo (Deleuze, 1995: 229).

M. Antonelli analizó la cercanía de Deleuze con el estructuralismo en *Lógica del sentido* concluyendo que:

> Deleuze se vincula con el estructuralismo en *Lógica del sentido* mediante i) la propia organización del texto en series, componente clave de toda estructura; ii) el empleo de los conceptos de "serie", "estructura" y "casilla vacía" –ya anticipados en "¿En qué se reconoce el estructuralismo?"–, en el marco de la exposición de las paradojas de Lacan y de Lévi-Strauss; iii) la atribución elogiosa al estructuralismo del descubrimiento del sentido como efecto de superficie y de posición, cuya invención constituye la tarea de nuestra actualidad (Antonelli, 2011: 103).

Lógica el sentido contiene múltiples supuestos y conceptos psicoanalíticos entramados en sus series. Para un análisis de su contenido se requiere tanto del campo de la filosofía como del psicoanálisis.

Tal como ha descripto P. Mengue, *Lógica del sentido* hace prevalecer la superficie por sobre la tradición de profundidades de la filosofía clásica.

-*Lógica del sentido* según su autor

En *Conversaciones* (Deleuze, 1995: 15), Deleuze situó a *Diferencia y repetición* y a *Lógica del sentido* como libros de estilo muy universitario, aclarando que *Lógica del sentido* elaboró una filosofía de las superficies (Deleuze, 1995: 143), en la que intentó una composición serial (Deleuze, 1995: 199).

Creyó haber producido dos conceptos conciliables con el psicoanálisis:

> Lo curioso es que no fui yo quien saqué a Félix del psicoanálisis, sino él quien me sacó a mí. En mi estudio sobre Masoch, y después en *Lógica del sentido,* yo creía haber alcanzado ciertos resultados acerca de la falsa unidad sado–masoquista, o bien acerca del acontecimiento, que no se conformaban a la doctrina psicoanalítica, pero que eran conciliables con ella (Deleuze, 1995: 229).

Luego comentó que en *Lógica del sentido* estaba fascinado con la altura, profundidad y superficie como coordenadas del pensamiento (Deleuze, 1995: 237).

En la introducción a *Diferencia y repetición* se encuentra el germen de *Lógica del sentido:*

> Un libro de filosofía debe ser, por un lado, una especie muy particular de novela policial, y por otro, una suerte de ciencia ficción. Con novela policial queremos decir que los conceptos deben intervenir, con una zona de presencia, para resolver una situación local. Ellos mismos cambian con los problemas. Tienen esferas de influencia, donde actúan, lo veremos, en relación con "dramas" y por intermedio de una cierta "crueldad". Deben poseer, entre sí, una coherencia, pero esta coherencia no debe provenir de ellos: deben recibirla de otra parte (Deleuze, 2002: 17).

Efectivamente, si aplicamos esta descripción de Deleuze de lo que sería para él un libro de filosofía, *Lógica del sentido* no tiene dentro de sí una trama argumental, un relato ordenado de principio a fin al modo narrativo, que el autor haya buscado voluntariamente. Las líneas argumentales y el orden de la lectura quedan librados al lector.

-Sobre la procedencia del título

Se han encontrado distintas alternativas a la procedencia del título de este libro. La primera de ellas es la de James Williams, quien en su *Introduction of the logic of sense* planteó que Deleuze se oponía a las limitaciones impuestas por la dependencia a las lógicas de los filósofos antiguos, y no solo a los modelos formales sino también a la lógica hegeliana.

En su versión, el título de este libro procede de la influencia de uno de los profesores de Deleuze de la Sorbona, Jean Hyppolite, quien tradujo *La fenomenología del Espíritu* de Hegel, y que insistía en la importancia de la lógica del sentido. También señaló que algunos pasajes de *Lógica y existencia,* de

1952, tienen elaboraciones similares al sentido y a la lógica en Deleuze (Williams, 2008: 22-23).

En este análisis de Williams se desprende que la intertextualidad con Hyppolite sería una fuente del título.

Otra versión de la fuente de este libro es la de Leonard Lawlor, que indica que Deleuze se inspiró en el aparato de intencionalidad de *Ideas I* de Husserl (Lawlor, 2012: 109).

Otra alternativa es considerar que el título *Lógica del sentido* se aclara en el título del prólogo que entre paréntesis indica "(de Lewis Carroll a los estoicos)" (Deleuze, 2005: 23), e ilustra la primacía del acontecimiento en el ejemplo de *Alicia en el país de las maravillas*. *Lógica del sentido* sería un homenaje a la lógica de los estoicos.

La referencia a los estoicos y a Alicia de Lewis Carroll se encuentra en la primera clase del seminario XII que Lacan dictó entre el 2 de diciembre de 1964 y el 16 de junio de 1965, seminario durante el que Lacan trató el concepto de sentido en psicoanálisis. La intertextualidad entre la obra de Deleuze de esta época y este seminario de Lacan también se encuentra en que en *Diferencia y repetición* es en donde Deleuze trata el concepto de sentido y remite a Jacques Lacan, Jean Claude Milner y Jacques-Alain Miller en los textos con los que participaron en este seminario.

En el campo del psicoanálisis, Serge Cottet relacionó a *Lógica del sentido* con el seminario de *La lógica del fantasma* de Jacques Lacan, dictado entre el 16 de noviembre de 1966 y el 21 de junio de 1967 (Cottet, 1996: 15). En esta relación podría conjeturarse que el título de libro de Deleuze es una variación del título del seminario de Lacan. Jorge Alemán también comparte esta idea (Alemán, 2000: 201-213). En tanto, Diana Rabinovich interpretó que el título responde a una necesidad de recuperar la dimensión esencialista y expresivista de una psicología prefreudiana, semejante a la de Pierre Janet. Deleuze intentó recuperar el concepto de naturalidad, ajeno al psicoanálisis, rechazando el concepto de objeto perdido de la experiencia de satisfacción, y por lo tanto su libro se llamó *Lógica del sentido*, y no *Lógica del fantasma* (Rabinovich, 1995: 29.11.1995. s/e).

Otro elemento coincidente entre el seminario XII de Lacan y este momento de Deleuze, es que existen similitudes entre la teoría del *lekton*, un incorpóreo, de los estoicos, y el *Sinn* de Frege. Es en el seminario XII en el que Lacan refirió enfáticamente a *Sinn* y *Bedeutung* de Frege.

El concepto de sentido, tal como lo trató Lacan en su seminario XII, es otro antecedente de la obra de Deleuze, más significativo aun de lo que puede ser el seminario XIV.

-La innovación de los géneros

El estilo de Sartre fue muy influyente desde temprano en su obra, ya que fue un filósofo muy productivo en ficción.

No solo se ubica esta ductilidad intergéneros en la figura de Sartre, sino también en una lectura que Deleuze muestra en el prólogo de *Diferencia y repetición:*

> Habría que llegar a redactar un libro real de filosofía pasada como si fuese un libro imaginario y fingido. Es bien sabido que Borges descuella en el comentario de libros imaginarios. Pero va más allá cuando considera un libro real, por ejemplo Don Quijote, como si fuera un libro imaginario, reproducido por un autor imaginario, Pierre Ménard, a quien a su vez considera real. Entonces, la repetición más exacta, la más estricta, tiene como correlato la máxima diferencia (Deleuze, 2002: 19).

Deleuze no solo recurrió al cuento "Pierre Ménard, autor del Quijote" sino que también, a lo largo de *Diferencia y repetición,* lo hizo a otros cuentos como "La lotería en Babilonia", "El jardín de senderos que se bifurcan" (Deleuze, 2002: 182), "La casa de Asterión" (Deleuze, 2002: 175). "Se desprenden así las condiciones bajo las cuales un libro es un cosmos; el cosmos, un libro. Y a través de técnicas muy diversas se desarrolla la identidad joyceana última, aquella que encontramos en Borges o en Gombrowicz, caos=cosmos" (Deleuze, 2002: 191).

Jorge Luis Borges utilizó conceptos filosóficos en sus tramas cuentísticas, al modo en que Deleuze concibió a los conceptos filosóficos, en el campo de la literatura. Por ejemplo, en "La muerte y la brújula" utiliza el triángulo de Baruj Spinoza. Las ficciones de Borges fueron leídas por la ciencia y la filosofía.

Trascender y trastocar géneros literarios y filosóficos ha sido un modo de escritura en el que incurrieron tanto Sartre, como Borges, dos fuentes declaradas por Deleuze.

También es importante considerar el análisis que hizo Deleuze del libro de Spinoza, *La ética demostrada según el orden geométrico,* en su *Spinoza y el problema de la expresión.*

-Lewis Carroll y los estoicos

En su prólogo, Deleuze menciona dos referencias fundamentales y que son la de Lewis Carroll y la de los estoicos.

Jacques Lacan refirió a Lewis Carroll a lo largo de su enseñanza en distintas oportunidades. La otra referencia es la de los estoicos, que también coincide con Lacan. Tanto Lewis Carroll como los estoicos confluyen en la primera clase del seminario XII, *Problemas cruciales del psicoanálisis*. Es uno de los seminarios fundamentales en la progresión del concepto de sentido en Lacan, tal como hemos formulado.

Deleuze anuncia en el prólogo a *Lógica del sentido*: "Presentamos unas series de paradojas que forman la teoría del sentido. El que esta teoría no pueda separarse de las paradojas se explica fácilmente: el sentido es una entidad inexistente, incluso tiene relaciones muy particulares con el sinsentido" (Deleuze, 2005: 23).

También comenta en este prólogo que los estoicos son quienes rompieron con el presocratismo, socratismo y platonismo, inaugurando una nueva imagen del filósofo.

Nos encontramos aquí con la insistencia en Deleuze de lo que había formulado en su libro anterior, *Diferencia y repetición*, y es la lucha contra la idea platónica, y en este caso hace uso de la referencia a los estoicos para la continuidad de su objetivo.

Esta novedosa composición de géneros en los que no se estilaba publicar filosofía tiene por fuente la referencia de Jorge Luis Borges, y el elogio que Deleuze hizo de su talento para crear libros imaginarios.

-Estructura, estilo y temática

La filosofía en *Lógica del Sentido*, por ejemplo, está "atravesada", "des-multiplicada", por el arte, la lingüística, la literatura, el psicoanálisis, la poesía, la antropología ... y por su lado, las singularidades de pensadores estudiados por Deleuze vienen a conjugarse en un plan de ensamblaje (llamado de consistencia o de inmanencia) (Mengue, 2008: 46).

James Williams hizo un análisis de este libro ubicándolo como una obra de transición entre la época en que Deleuze era un autor más filosófico, como en la caso de su tesis doctoral *Diferencia y repetición*, y el Deleuze que incursionó en otros campos como el arte, la política y la literatura.

Y, el otro rasgo muy importante en la lectura de J. Williams es que *Lógica del sentido* integra tres elementos del pensamiento deleuziano: moral filosófica, filosofía del lenguaje y la filosofía del pensamiento y del inconsciente (Williams, 2008: 14).

El libro está presentado en treinta y cuatro series, cuya interconexión no está organizada de modo consecutivo sino en relaciones claves que el lector descubre a medida que se deja llevar por los temas que le interesan[1].

Esta modalidad fue llevada a un extremo por un autor argentino, Macedonio Fernández, y precursor de Borges tal como ambos aceptaron, cuya referencia es pertinente por la lectura que Deleuze hizo de los cuentos de Borges en *Diferencia y repetición*. M. Fernández en su *Museo de la novela de la Eterna* (Bisso, 2007: 25) clasificó a sus lectores en lector accidentado, adjetivado, alcanzado, artista, atento, de desenlace, en espera, fantástico o novelesco, indeciso, personaje, sofocado, salteado o seguido.

Julio Cortázar también innovó en el orden de los capítulos de su novela *Rayuela*, pero presentaba una guía con un orden alternativo al de la secuencia de los capítulos. Tanto *Rayuela* como *Museo de la novela de la Eterna* son novelas que en su estructura han alterado la tradición narrativa lineal, permitiendo que no solo haya un lector seguido (que lee de la primera página a la última de modo ordenado) sino que pueda alterar el orden de lectura. Cortázar se ocupó de proponerle al lector un orden alternativo de capítulos en la introducción.

Por lo que *Lógica del sentido* es una novela psicoanalítica integrada por series, que en una novela serían capítulos, cuyo orden no implica una secuencia narrativa. La primera serie y la segunda no tienen entre sí implicancias mutuas.

Cada serie podría describirse como un artículo o breve ensayo sobre un tema. *Diferencia y repetición* fue su tesis doctoral e inmediatamente publicó *Lógica del sentido*, al que Lacan calificó de *surplus*. Se encuentran correlaciones entre los temas de *Lógica del sentido* y de su libro antecedente, y la repetición de ejemplos y referencias.

J. Williams calificó al libro de difícil y de resistirse a nuevos lectores, tal es el efecto de la obra de Macedonio Fernández, la de efecto críptico.

J. Williams planteó que este estilo de presentación de temas es solidario de la postura de Deleuze oponiéndose a un orden estricto, provocando en el lector una experiencia de lecturas múltiples, que no se cierran en un solo eje, y que resiste la individuación.

Si se considera que Deleuze quiso derrocar al platonismo, a la Idea platónica, *Lógica del sentido* es formalmente una experiencia que huye del encapsulamiento lógico e idealista.

La lectura de J. Williams sólo encuentra la influencia de Lacan en puntos precisos, pero no considera la interlocución entre Deleuze y Lacan que se

---

[1] Con el objeto de analizar la teoría del sentido de Deleuze, en esta investigación, se han leído articuladas las series del lenguaje, del sentido, del sin-sentido y de la proposición.

evidencia en esta investigación, y que data de 1960, cuando Lacan sugirió a su audiencia leer a Masoch, oponiéndolo a Sade, y Deleuze cumplió con esta sugerencia en su *Presentación de Sacher Masoch*. También existen datos biográficos que describen la fascinación de Deleuze por el psicoanálisis lacaniano, hasta *Lógica del sentido* inclusive.

J. Williams no consideró en su introducción al libro la interlocución entre Lacan y Deleuze que está en sus textos entre 1966 y 1969.

Presentación de Sacher Masoch..., *Diferencia y repetición* y *Lógica del sentido* son tres textos claramente incluidos en el período en que Deleuze se recordó perteneciente al campo del psicoanálisis. Deleuze no pretendía hacer psicoanálisis, y él mismo dijo que su expectativa era conciliar algunos conceptos. Formuló su propio concepto de fantasía, *phantasme*, en la tradición de Freud y de Melanie Klein, como se encontrará en esta segunda parte de la tesis.

Deleuze se apasionó por lo que los conceptos filosóficos le ofrecían, como personajes vivos, tal como los describió.

La lógica del sentido que aporta Deleuze no es una lógica de sistema formal (Williams, 2008: 22). Deleuze buscó una lógica diferente.

De este modo, la lógica del sentido de Deleuze no produce una estructura cerrada y formal respecto del sentido sino que despliega en sus series, o capítulos de la novela que es, el modo en que el sentido procede no por deducciones, al modo de la metodología cartesiana, sino por conexiones paradojales, acontecimientos, y procesos interconectados.

De la voz a la palabra

En la objeción que se analizará, Deleuze refirió a la voz caracterizada por la equivocidad (Deleuze, 2005: 250). Se encuentra que Deleuze analizó a la voz más como acontecimiento que como un objeto libidinal. Utilizó conceptos del psicoanálisis sin aceptar sus principios fundantes en una lectura nueva y propia. El concepto Voz es un concepto filosófico en Deleuze, y no uno de los objetos *a* que Lacan postulara.

En la serie vigesimo séptima de *Lógica del sentido*, Deleuze planteó que la voz dispone las dimensiones del lenguaje organizado, sin hacer captable el principio de organización que haría de ella un lenguaje. Y aclara:

> Permanecemos también fuera del sentido, y lejos de él, esta vez en un *pre-sentido* de la alturas: la voz no dispone todavía de la univocidad que haría de ella un lenguaje, y sin más unidad que la de su eminencia permanece trabada en la equivocidad de sus designaciones, la analogía de sus significaciones, la ambivalencia de sus manifestaciones. Porque, en verdad, como designa al objeto

perdido, no se sabe lo que designa; no se sabe lo que significa, puesto que significa el orden de las preexistencias; no se sabe lo que manifiesta, puesto que manifiesta el retiro en su principio o el silencio (Deleuze, 2005: 199).

En esta lectura que hace Deleuze se encuentra el modo en que lee a la voz en las categorías del sentido que se analizarán en esta tesis.

Es por la vía del análisis de la voz por la que Deleuze esboza una otredad. Veremos que en la teoría del sentido de Deleuze no hay un Gran Otro como sí lo hay en la enseñanza de Lacan en 1957. En Deleuze se encuentra el acontecimiento, como pre-subjetivo. En Deleuze el sentido no viene del Gran Otro como en Lacan, sino que es el acontecimiento. En Deleuze no hay un sentido subjetivado sino un sentido neutro, ya que como se tratará tampoco hay un sujeto, sino una singularidad.

Por la vía de la voz Deleuze analiza una cierta otredad, cuando en la serie vigesimo séptima enumera las posibilidades de la voz como la "que ama y tranquiliza, que ataca y gruñe, que se lamenta al ser herida o que se retira y calla" (Deleuze, 2005: 199). También plantea una paradoja de la voz, señalando que tiene las dimensiones del lenguaje sin llegar a ser un lenguaje, dejando de ser un ruido, y esperando un acontecimiento para lograr esa condición. Elige a Bergson para el ejemplo del sueño en el que se revive el paso del ruido a la voz.

En la trigésima segunda serie, Deleuze ordenó una escala ascendente que comienza en el ruido, continúa en la voz y sigue en la palabra. Incluye a la voz como materialidad en la formación del lenguaje.

La univocidad del ser

Para que la lógica de las multiplicidades sea posible, fue necesario crear una ontología que asegurara lo múltiple. Si el ser se dijera de muchas maneras, como lo planteaba Aristóteles, haría falta una jerarquía. Por lo tanto, si el ser se dice de una sola manera, el ser como unívoco, se asegura lo múltiple.

En la conclusión de *Diferencia y repetición* Deleuze definió lo siguiente:

> La univocidad significa: lo que es unívoco es el ser mismo; lo que es equívoco es aquello de lo que se dice. (…) Pero aquello de lo que se dice, difiere; aquello de lo que se dice es la diferencia misma. No es el ser análogo el que se distribuye en categorías y reparte un lote fijo a los entes, sino los entes los que se reparten en el espacio del ser unívoco abierto para todas las formas (Deleuze, 2002: 446).

El "ser unívoco abierto para todas las formas" es el que asegura la multiplicidad. Se encuentra entonces el par unívoco-múltiple como eje de análisis de su filosofía en este momento, 1969. Es importante precisar que el análisis de *Lógica del sentido* que se realiza en esta investigación tiene por objetivo dar contexto y elementos de análisis a la objeción que Deleuze hizo a una "tesis de Lacan" en un pie de página en la última serie del libro. El análisis de la filosofía de Gilles Deleuze de esta investigación se restringe a 1969 por una necesidad metodológica.

En la serie vigésimo quinta de *Lógica del sentido*, Deleuze trató la univocidad. Y explicó "(...) la univocidad del ser significa que el ser es Voz, que se dice, y se dice en un solo y mismo "sentido" de todo aquello de lo que se dice" (Deleuze, 2005: 186).

La univocidad indica, para Deleuze, que lo que se dice y sucede es lo mismo. Y, reúne al atributo noemático con lo expresado lingüístico: el sentido y el acontecimiento. La univocidad "arranca el ser a los entes para devolvérselo de una vez, para abatirlo sobre ellos por todas las veces" (Deleuze, 2005: 186).

Da el ejemplo del relativismo del odio y el amor que hacen resonar series bifurcantes y ramificadas, y que cuestiona la identidad de los contrarios. La univocidad del ser es ajena a toda subjetividad, personalismo o individualismo. Deleuze extrajo un párrafo de un cuento de Jorge Luis Borges, "El jardín de senderos que se bifurcan", publicado en el libro *Ficciones*. En este cuento Borges plantea una concepción del tiempo que luego fue desarrollada por la física cuántica. Allí ha planteado que "el tiempo se bifurca perpetuamente hacia innumerables futuros" (Borges, 1974: 479)[2]. Deleuze utilizó de este cuento el humor de Borges con la muy utilizada díada amor-odio en el cuento policial. Cabe destacar que Borges fue un lector de Spinoza, y que utilizó su pensamiento en cuentos y poemas. Por lo tanto, existe una intertextualidad muy importante entre ellos.

El concepto de sentido en Deleuze está caracterizado por la univocidad de esta manera: "El ser unívoco insiste en el lenguaje y sobreviene a las cosas; mide la relación interior del lenguaje con la relación exterior del ser. Ni activo ni pasivo, el ser unívoco es neutro" (Deleuze, 2005: 186).

Deleuze concluyó esta serie planteando tres determinaciones para la univocidad: "un solo acontecimiento para todos; un solo y mismo *aliquid* para lo que pasa y se dice; un solo y mismo ser para lo imposible, lo posible y lo real" (Deleuze, 2005: 187).

---

[2] Deleuze reprodujo algunas frases del fin del cuento, sin mencionar a qué cuento pertenecía. La presencia de los textos de Borges es muy importante en *Diferencia y repetición*.

En el análisis de Michel Foucault, la univocidad del ser le fue necesaria a Deleuze para liberar la diferencia. Había sido necesario, también, abandonar la identidad del concepto, renunciar a la semejanza de la percepción y liberarse de la dialéctica. La diferencia estaba sujeta a las categorías, y la univocidad del ser es un pensamiento acategórico. Duns Scoto y Spinoza fueron los filósofos que produjeron una univocidad del ser. Duns Scoto pensaba al ser neutro y Spinoza como sustancia, "(...) una ontología en la que el ser se diga, de la misma manera, de todas las diferencias, pero que sólo se diga de las diferencias" (Foucault, 1995: 36).

Alain Badiou ha planteado que la univocidad del ser domina todas las relaciones de Deleuze con la historia de la filosofía (Badiou, 1997: 42). Y, que el deleuzianismo es un platonismo re-acentuado (Badiou, 1997: 45). Esta afirmación es crítica respecto del objetivo antiplatónico de Deleuze. Y lo funda en lo siguiente:

> Pero de ninguna manera puede concluirse, como supone Deleuze que lo hace Platón, que sea preciso despreciar y subestimar los simulacros o los entes. Por el contrario, hay que afirmar el derecho de tales simulacros como una manera de atestar alegremente la potencia unívoca del Ser, es decir, como *otros tantos casos equívocos de la univocidad*. Lo que aquí Deleuze cree haber agregado a Platón, adjunción que a sus ojos lo subvierte, lo invierte, consiste en decir que resulta vano pretender que el simulacro no es igual a un modelo superior, o que hay una jerarquía en el Ser, encargada de someter los simulacros a unos arquetipos reales. De ahí que Deleuze sospeche que Platón no sostiene con firmeza la tesis de la univocidad ontológica (Badiou, 1997: 45).

Badiou continuó su análisis planteando que a Deleuze se le presentó un problema y es que no hay un único nombre para el Ser. Para decir que solo hay un sentido hacen falta dos nombres, y en Deleuze genialmente hay una multiplicidad de los nombres del Ser, en su obstinación por ligar la univocidad con la multiplicidad.

Michael Hardt analizó la trama argumental de Deleuze en relación con sus fuentes: Bergson, Nietzsche y Spinoza en su libro *Gilles Deleuze. An apprenticeship in philosophy* de 1993. Este texto de Hardt ha sido pionero en las lecturas acerca de Deleuze en Estados Unidos, debido a que hasta ese entonces había un fuerte predominio del estudio de la filosofía analítica.

En el capítulo "La práctica spinoziana", Hardt sostuvo que Deleuze investigó los atributos y llegó al segundo principio spinoziano de ontología que es la univocidad del ser. Para comprenderla es necesario investigar su vocalidad, su expresividad. Los atributos spinozianos serían, según Deleuze, las expresiones del ser (Hard, 2004: 137). Luego reúne a Duns Scoto y a Spinoza:

La expresión positiva de los atributos formalmente distintos constituye, tanto para Spinoza como para Duns Scoto, una concepción de la univocidad del ser. *La univocidad significa precisamente que el ser está expresado siempre y en todas partes en la misma voz*; en otras palabras, cada uno de los atributos expresa el ser de una forma diferente pero en el mismo sentido. Por consiguiente, la univocidad implica una diferencia formal entre atributos, pero una comunidad ontológica real y absoluta entre los atributos (Hardt, 2004: 141).

Nietzsche es el tercer antecedente de la univocidad del ser que Deleuze indicó. Hardt, en el capítulo sobre "La ética nitzscheana" (Hardt, 2005: 83), desarrolló el modo en que Deleuze argumentó el antiplatonismo de Nietzsche en "la forma de la pregunta". La pregunta socrática por excelencia era "¿Qué es...?" y Nietzsche quiso cambiar esa pregunta por el "¿Quién?", pregunta trascendental y perspectivista, lo que combate la suposición de una causa, forma estática o Idea, a la que remite la pregunta "¿Qué es...?". La pregunta "¿Quién?" se dirige al mundo "de la voluntad y el valor y exige una dinámica inmanente del ser, una fuerza interna, eficiente y de diferenciación" (Hardt, 2004: 84).

Slavoj Žižek realizó una lectura de la univocidad del ser y su relación con el campo social:

> Entre otras cosas esta univocidad implica que los mecanismos que establecen los vínculos ontológicos descritos por Espinosa son completamente neutrales con respecto a sus "buenos" o "malos" efectos. Espinosa evita de esta forma la doble trampa que ofrece la interpretación más habitual: ni rechaza el mecanismo que constituye a la multitud como fuente de turba destructiva irracional ni lo ensalza como fuente de autosuperación altruista o la solidaridad (Žižek, 2006: 52).

Žižek vinculó esta lectura con la concepción de Deleuze de los afectos, que son preindividuales y son intensidades libres. Esta lectura aplica a momentos posteriores de la producción de Deleuze, en la que incurre en temáticas político-sociales con Félix Guattari.

P. Mengue relacionó la univocidad del ser en *Diferencia y repetición* con la doctrina del eterno retorno de Nietzsche, que "recoge en su unidad lo más bello de la filosofía de la diferencia" (Mengue, 2008: 264). Planteó que, desde el sentido común, no habría relación entre el eterno retorno ligada a la repetición y a la identidad, con la diferencia. Pero, la repetición está en el centro de lo diverso, ya que el eterno retorno es selectivo. Lo que vuelve son las diferencias implicadas y replicadas en su dimensión intensiva. El eterno retorno se produce en las intensidades puras como factores móviles individuantes.

El eterno retorno es lo único Mismo de aquello que difiere. "El sujeto del volver no es el ser, no las diferencias, lo múltiple, y es de ello, del hecho de que vuelven, que se dice que son (=vuelven) en un solo y mismo sentido" (Mengue, 2008: 266).

Se ha encontrado otra lectura acerca de los antecedentes en Deleuze, Duns Scoto-Spinoza-Nietzsche:

> Bajo la imagen triunfal que la historia de la filosofía ha construido de sí misma, Deleuze encuentra otra ontología menor que hunde sus raíces en una tradición más antigua que la aristotélica ya que se remonta a Parménides y que, contra Aristóteles, afirma la univocidad del ser (Simón Viñas, 2011: 223).

Se entiende que la fuente en Parménides es una conjetura muy pertinente, pero no es la que Deleuze establece en *Diferencia y repetición*.

Robert Piercey, en 1996, escribió un artículo llamado "The Spinoza-intoxicated man: Deleuze on expression", en el que trata los puntos de coincidencia y diferencia entre Spinoza y Deleuze en relación a sus ontologías. Planteó que tanto Spinoza como Deleuze se sirven de una tríada. En la ontologia de Spinoza esta formada por la sustancia, el atributo y el modo. La ontología de Deleuze esta formada por el Ser, lo virtual y lo actual. Para Spinoza existe un poder infinito que genera efectos; para Deleuze, hay una actividad de diferenciación, un poder de diferencia o descentramiento. De un modo u otro, Spinoza y Deleuze conciben un Ser que es un poder que se expresa en acto.

La gran diferencia que R. Piercey situó entre ambas ontologías es que en Spinoza se advierte una jerarquización, ya que el Ser no está presente de igual manera en todos los entes, y le da prioridad a la sustancia. En Deleuze no hay jerarquizaciones.

La otra fuente es la teoría de Duns Scoto de las descripciones virtuales, quien sostuvo que algunas de las propiedades de los entes son virtuales. La unidad es un ejemplo de una propiedad virtual (Piercey, 1996: 271).

Diego Sánchez Meca, en su texto del año 2000, *Nietzsche en Deleuze: hacia una genealogía del pensamiento crítico*, analizó un punto clave para nuestra investigación:

> Deleuze opone un cierto detenimiento, a lo largo de su *Nietzsche et la philosophie*, la diferencia nietzscheana a la de Hegel, detallando cómo "el sí de Nietzsche se opone al no dialéctico, la afirmación dinosíaca a la negación dialéctica, la diferencia a la contradicción dialéctica" (NP, 10) . Su tesis es que la voluntad de poder es el principio de la síntesis de las fuerzas, pero una síntesis que, en vez de anularlas (*Aufhebung*), subraya su diferencia al establecer su jerarquía y cualificar diferenciadamente a cada una de ellas. De ahí que, para

Deleuze, el interés de la operación de Nietzsche consista, sobre todo, en "haber descubierto, en el corazón de la síntesis, la reproducción de lo diverso (NP, 87). El concepto con el que Nietzsche piensa de manera original y revolucionaria esa modalidad de síntesis de las fuerzas es su concepto del eterno retorno (Meca, 2000: 172).

Tanto en Spinoza, en Duns Scoto como en Nietzsche hay expresión afirmativa del Ser, dejando de lado la posibilidad de dialéctica.

M. Hardt obtuvo como una primera lección de la filosofía de Deleuze que existe una tradición alternativa en el pensamiento ontológico que va de Lucrecio y Duns Scoto a Spinoza y Bergson, cuestionando la primacía de Platón, Hegel y Heidegger (Hardt, 1993: 217).

Cabe considerar que la univocidad del ser en el concepto ontológico de Deleuze ha recibido diversas lecturas, tal como se ha investigado en este capítulo. El tratamiento que Deleuze le dio a este concepto en *Lógica del sentido* lo hace un elemento clave de su teoría del sentido, su propio concepto de inconsciente y su versión del lenguaje.

Se verá que en su objeción a una "tesis de Lacan" la univocidad caracteriza al proceso secundario del inconsciente. E interpreta la asociación libre como productora de univocidad, versión radicalmente distinta no solo de los conceptos de Lacan sino de Freud mismo en su ensayo *Lo inconsciente*.

El acontecimiento

La vigésimo primera serie de *Lógica del sentido* trata el acontecimiento. "*L´éclat, la splendeur de l´événement, c´est le sens*" (Deleuze, 1969: 175). En esta afirmación en la que el esplendor del acontecimiento es el sentido, es importante situar su diferencia con la significación. En Deleuze el sentido es distinto de la significación, debido a que Deleuze une la palabra y su referente.

"En la medida en que los acontecimientos se efectúan en nosotros, nos esperan y nos aspiran, nos hacen señas" (Deleuze, 2005: 157). De esta afirmación de Deleuze se conjetura la abolición del sujeto en el sentido tradicional. El concepto de sujeto en psicoanálisis requiere de la subsunción, de un estado de dependencia y articulación a una otredad (objeto *a*) que no es de la concepción deleuziana.

La actitud receptiva de quien experimenta el acontecimiento es crucial, y la ética de este modo de singularidad es la de ser merecedor de lo que acontece. Una vez efectuado el acontecimiento, la cuestión moral para Deleuze será *"ne pas être indigne de ce qui nous arrive"*. La decisión de estar a la altura del acontecimiento es un segundo momento.

Otra variable fundamental en el acontecimiento es la del tiempo, que en este caso no es Cronos, el tiempo lineal, sino el Aión:

> En todo acontecimiento, sin duda, hay el momento presente de la efectuación, aquel en el que el acontecimiento se encarna en un estado de cosas, un individuo, una persona, aquel que se designa diciendo: venga, ha llegado el momento; y el futuro y el pasado del acontecimiento no se juzgan sino en función de este presente definitivo, desde el punto de vista de aquel que lo encarna (Deleuze, 2005: 159).

F. Zourabichvili ha planteado que

> (…) el acontecimiento, como "entre-tiempo", por sí mismo no pasa, a la vez porque es puro instante, punto de escisión o de disyunción de un antes y un después, y porque la experiencia que le corresponde es la paradoja de una "espera infinita que ya es infinitamente pasada, espera y reserva (Zourabichvili, 2007: 22).

También aclaró que el acontecimiento se inscribe en el tiempo y es la interioridad de los presentes disjuntos, aclarando que Deleuze busca un lazo más interior del tiempo con su afuera (Zourabichvili, 2007: 23).

La complejidad del acontecimiento y su relación con el sujeto y con el tiempo es de importancia radical porque sobre él se erige el pensamiento de Deleuze como lógica de las multiplicidades. Es el acontecimiento el que confrontado a la Idea platónica produce la multiplicidad en la petrificación del concepto.

También trastoca la subjetividad y la ilusión de un control sobre lo contingente. Esta modalidad de concebir el mundo descentra al sujeto, está en las antípodas de la primacía del hombre sobre su entorno:

> El acontecimiento no es lo que sucede (accidente); está en lo que sucede puro expresado que nos hace señas y nos espera. Según las tres determinaciones precedentes, es lo que debe ser comprendido, lo que debe ser querido, lo que debe ser representado en lo que sucede (Deleuze, 2005: 158).

Deleuze ubicó a la muerte como el acontecimiento por excelencia. *"Chaque événement est comme la mort, double et impersonnel en son double."* (Deleuze, 1969: 178). La muerte como acontecimiento es efectivamente impersonal, y es el paradigma de la efectuación que espera al viviente. Se encuentra en una temporalidad de umbral entre Cronos y Aión.

> No hay acontecimientos privados, y otros colectivos; como tampoco existe lo individual y lo universal, particularidades y generalidades. Todo es singular, y por ello colectivo y privado a la vez, particular y general, ni individual ni universal. (…) ¿Qué acontecimiento privado no tiene todas sus coordenadas, es decir, todas sus singularidades impersonales sociales? (Deleuze, 2005: 160).

Es importante señalar que esta concepción de lo privado y lo colectivo le es propia.

Foucault fue elogioso respecto de la dedicación de Deleuze a la doctrina estoica, y a su lectura "freudiana" que puso la atención en lo olvidado, en los detalles de un pensamiento que había sido marginado por la educación de ese entonces. También señaló que:

> El acontecimiento -la herida, la victoria-derrota, la muerte- es siempre efecto, perfecta y bellamente producido por cuerpos que se entrechocan, se mezclan o se separan; pero este efecto no pertenece nunca al orden de los cuerpos: impalpable, inaccesible batalla que gira y se repite mil veces (…) (Foucault, 1995: 18).

Luego explicó que el acontecimiento tiene un sentido impalpable, expresado en el verbo en infinitivo, rompiendo así la tradición de la comunicación centrada en el referente. El acontecimiento-sentido requiere de una gramática distinta, que no se localiza en la proposición, y se expresa en el verbo infinitivo en un presente sin plenitud y una eternidad múltiple.

Foucault sintetiza así la singularidad del concepto de acontecimiento, de un modo ejemplar:

> (…) en el límite de los cuerpos profundos, el acontecimiento es un in-corporal (superficie metafísica); en la superficie de las cosas y las palabras, el incorporal acontecimiento es el sentido de la proposición (dimensión lógica); en el hilo del discurso, el incorporal sentido-acontecimiento está prendido al verbo (punto infinitivo del presente) (Foucault, 1995: 20).

El acontecimiento es singular como un golpe de azar, distinto del pensamiento-fantasma que es repetitivo. El acontecimiento en Deleuze es del orden de lo contingente.

El comentario de Foucault en "Theatrum Philosophicum" tiene la virtud de esclarecer las grandes líneas que Deleuze trató en 1969, situando esta obra en el contexto filosófico mayor, de modo tal que enumera tres grandes aportes de Deleuze para pensar el acontecimiento libre de sujeciones: una metafísica del acontecimiento incorporal, una lógica del sentido neutro[3] y un pensamiento del presente infinitivo (Foucault, 1995: 22).

Zourabichvili planteó que el acontecimiento en Deleuze es adverso a la idea de la linealidad de la historia, y "el fin es la sombra reactiva de una emergencia, el contrasentido por excelencia sobre el acontecimiento" (Zourabichvili, 2004: 28). Es un modo de poner en crisis la idea de historia, y la considera una representación homogeneizante de acontecimientos irreductibles.

François Dosse situó que Deleuze se inspiró en la tradición estoica respecto del acontecimiento y el rechazo de la naturalización de la física. Este historiador refirió a Victor Goldschmidt, quien leyó en Deleuze la voluntad de corporizar el efecto incorporal. Y, luego recurrió a François Zourabichvili en lo que llamó un método de perversión que radica en la concepción de que el mundo de las ideas está en la superficie y es un mundo de paradojas y contrastes puestos en evidencia. La perversión del filosofar deleuziano radicaría en enrarecer los conceptos canónicos migrándolos de campo teórico (Dosse, 2009: 201).

J. Williams especificó que los acontecimientos deleuzianos no deben confundirse con nuevas ocurrencias, como un nuevo comienzo o una ruptura histórica absoluta. Tampoco debe confundirse con nuevas entidades, como algo que hasta ahora no se ve o la llegada de algo que se considera impensable. Un acontecimiento es una nueva selección dentro de una serie en curso y la continuidad de su alteración. Por ejemplo, un conjunto de animales que alteran su curso debido a los cambios climáticos, o ciudadanos que son alterados en su apatía, o la lenta sedimentación de un río que cerca un puerto y su estuario en decadencia (Williams, 2008: 2).

En su libro ha puesto énfasis en las influencias que Deleuze tuvo a través de la vida académica. J. Williams ha planteado la ubicuidad de Hegel en Francia en la época en que Deleuze realizaba su formación temprana y, como se ha tratado ya en esta investigación, ha interpretado a J. Hyppolite como otra gran influencia.

Francisco José Martínez Martínez planteó en su *Ontología y diferencia: la filosofía de Gilles Deleuze,* que Deleuze elaboró con la teoría de los estoicos y de L. Carroll, oponiendo las cosas corpóreas a los acontecimientos, incorpóreos, un extra-ser que se ubica en la superficie, la superficie del sentido que

---

[3] Esta definición que Foucault dio respecto de la lógica del sentido de Deleuze es un elemento que se comparará con la lógica del sentido de Lacan, que ya se ha expuesto en la primera parte de esta investigación.

separa las cosas del mundo de las proposiciones que las designan. Esta oposición es claramente antiplatónica.

Los modos de conceptualizar el acontecimiento han sido diversos. Popper lo teorizó en el *event*, Merleau-Ponty como una carga de significados, o Sartre entendía el acontecimiento como ser, en cambio:

> Deleuze defiende una capa incorporal donde puede surgir el acontecimiento, distinta y pervertidora de las mezclas corporales; un campo trascendental, preindividual y prepersonal, poblado de irregularidades pre-reflexivas, que generan el sujeto como algo producido, derivado y nunca origen ni fundamento, y una concepción del tiempo com Aion, que rompe con toda concepción ontológica jerarquizada y dominada por la presencia, es decir, con toda metafísica de la esencia y del concepto (Martínez Martínez, 2009: 76).

Sean Bowden, en su texto *Deleuze et les Stoïciens: une logique de l'événement,* planteó que Deleuze se sirvió del estoicismo para su ontología del acontecimiento en la distinción que ellos hacían entre los cuerpos y los acontecimientos incorporales, y las relaciones entre física, lógica y ética, entre los cuerpos y los acontecimientos que pretendían establecer una sistematicicidad completa y vívida, al modo de un acontecimiento del *kosmos* (Bowden, 2005: 74).

Estos elementos de lectura crítica, de autores procedentes tanto de Francia, como Escocia, España y Australia, indican que la comprensión del concepto de acontecimiento no es directa, y requiere de una innovación para comprender el núcleo del pensamiento de Deleuze, adverso a la tradición occidental, y que como enfatizara Foucault, amerita una nueva gramática.

Las consecuencias alcanzan a la historia, en el planteo de Zourabichvili. Se trata de una filosofía, con ecos del estoicismo, que subvierte la subjetividad, y la concepción del tiempo lineal. Prescinde del lenguaje como recurso clasificador de la experiencia y, como el psicoanálisis, descentra al sujeto de la razón.

Del *phantasme*

En la trigésima serie de *Lógica del sentido* Gilles Deleuze postuló su versión del *phantasme*. El fantasma para Deleuze es acontecimiento, por lo tanto sentido puro, no es interpretable y se expresa en verbo infinitivo en la tradición estoica.

Se ha planteado que existen lecturas que conciben al título *Lógica del sentido* como inspirado en la *Lógica del fantasma, Logique du fantasme,* el seminario que Jacques Lacan dictó en el período 1966-1967. En este seminario Lacan postuló que el fantasma está estructurado como un lenguaje, más aún que el inconsciente mismo.

Deleuze concibe un fantasma-acontecimiento de superficies de modo tal que:

> (…) la individualidad del yo se confunde con el acontecimiento del fantasma mismo; con el riesgo de que el acontecimiento representado en el fantasma sea captado como otro individuo, o más bien, como una serie de otros individuos por los que pasa el yo disuelto (Deleuze, 2005: 217).

Encontramos aquí una concepción radicalmente distinta a la concepción de fantasma en Lacan.

Se encuentra que Deleuze no refirió a la concepción lacaniana de fantasía, sino que recurrió a otros psicoanalistas para concebir una versión propia: Freud, Melanie Klein, Laplanche, Pontalis, Luce Irigaray y Susan Isaacs.

En cuanto a su referencia a Sigmund Freud, Deleuze propuso que *Totem y tabú* "es la gran teoría del acontecimiento y el psicoanálisis en general la ciencia de acontecimientos" (Deleuze, 2005: 215). Este elemento es el que Jacques Nassif citará en su comentario en el seminario de Lacan del 19 de marzo de 1969 que se analizará en la tercera parte de esta tesis.

Deleuze también citó el artículo de Freud *El sentido antitético de las palabras primitivas*, oponiéndose a la concepción de Laplanche y Pontalis en su artículo *Fantasme originaire, fantasme des origines, origine du fantasme*.

En cuanto a Susan Isaacs en *Nature et fonction du phantasme*, Deleuze la vinculó a Melanie Klein, de quien finalmente señaló que hizo un uso extensivo de la palabra fantasma y quien plantearía que las posiciones depresiva y esquizo-paranoide obstaculizan el desarrollo de la fantasía.

Deleuze concluyó la serie postulando que el fantasma es un fenómeno de superficie.

Se constata que Deleuze argumentó su concepción del fantasma fundándose en el psicoanálisis clásico y contemporáneo, sin considerar la concepción del fantasma en la lógica del significante que planteara Lacan, ni tampoco concibiéndolo en el campo del inconsciente.

El recurso a Melanie Klein que hizo Deleuze en la trigésima serie de *Lógica del sentido* le propicia un camino fuera de la lógica significante en la que Lacan planteó el *fantasme* en 1967. El acontecimiento es un concepto que prescinde claramente del significante.

En la obra de Melanie Klein el concepto de fantasía no fue un concepto sistematizado y aunque tuvo valor de metáfora, no fue al modo en que Lacan hizo uso de la metáfora como figura retórica. El sentido de la fantasía en la clínica de Klein es inscribirla en un contenido edípico (Kristeva, 2001: 164).

El aspecto de la fantasía en Melanie Klein que es solidario de la concepción de Deleuze de *phantasme* es la naturaleza arcaica de la fantasía anterior a la represión, tal como la describe J. Kristeva, considerando las lecturas de Susan Isaacs y Jean-Michel Petot:

> No solo el conjunto de la vida psíquica está *impregnado* de fantasías (lo que el psicoanálisis sostiene en general), sino que, en los niños tal como Klein los entiende y los analiza, la fantasía, la anterior a la represión, se *confunde* con la vida psíquica, en la medida en que esa fantasía y esa vida, "que representan las pulsiones más primitivas de posesión y agresión, se expresan y administran *por medio de procesos psíquicos muy alejados de las palabras* y del pensamiento racional consciente" (Kristeva, 2001: 160-161).

De esta manera, las fantasías que concibe Melanie Klein, alejadas de las palabras, se adecuan muy bien a las líneas de fuga, a la multiplicidad sin la sujeción al complejo de Edipo freudiano y lacaniano. El complejo de Edipo en Melanie Klein es muy temprano y el super-yo se forma con la introyección del objeto bueno y malo a la vez.

Déborah Fleischer ha señalado que en Melanie Klein "la fantasía recorta algo del concepto de imago (..) y que el término imago permite acotar algo sobre la fantasía" (Fleischer, 1994: 15). La *imago* es el objeto fantasmático en su faz rígida (Fleischer, 1994: 157). Como ejemplo clínico de esta afirmación se encuentra que la fantasía del cuerpo oscuro y vacío de la madre en la que Dick se refugió es comparable a las "profundidades sin fondo" que plantea Deleuze en *Lógica del sentido* (Deleuze, 2005: 193).

Diana Rabinovich situó que lo que fascinó a Deleuze en Melanie Klein fue la definición de fantasía inconsciente como "traducción mental del instinto", definición que se encuentra en Susan Isaacs. En este capítulo de Deleuze hay una regresión teórica en psicoanálisis, debido a que Deleuze vuelve a Melanie Klein, vinculando deseo y objeto en una cierta naturalidad dada por lo imaginario, y en la insistencia de Deleuze en vincular el Yo (*moi*) en su relación con el objeto. El sujeto del inconsciente no está presente. Deleuze confundió la posición esquizo-paranoide con la esquizofrenia. Y, ubicó el verbo como propio del imaginario kleiniano confundiendo fantasma y pulsión (Rabinovich, 1995: 29.11.1995, s/e).

El *phantasme* en Deleuze tiene mayor proximidad a la fantasía en Klein, que al *fantasme* en Lacan. Deleuze no consideró al sujeto como dividido por el objeto perdido, o al fantasma como un recurso del que el sujeto hace uso, como en Lacan. El *phantasme* es en Deleuze acontecimiento y el acontecimiento es neutral.

El recurso a Melanie Klein que hizo Deleuze lo dejó dentro del campo del psicoanálisis, pero sin hacer lugar a la instancia ordenadora que en Lacan será el significante del nombre del padre, el modo en que Lacan abstrajo el Complejo de Edipo en su lógica del significante.

El sentido

Deleuze definió el sentido como "(…) un vapor jugueteando en el límite de las cosas y las palabras" (Deleuze, 2009: 239). Esta definición tiene origen en los estoicos, tal como Deleuze aclaró en la serie tercera de *Lógica del sentido* cuyo título es "De la proposición". Allí estableció cuatro relaciones de la proposición y son las siguientes:

-La designación o indicación: es la relación de la proposición con un estado de cosas exterior (*datum*). Son partículas lingüísticas que ofician de formas vacías para la selección de imágenes.

-La manifestación: la relación de la proposición con el sujeto que habla. Aquí se encuentran los deseos y creencias. De lo verdadero y lo falso de la designación, en la manifestación se trata de la veracidad y el engaño.

-La significación: es la relación de la palabra con conceptos universales o generales y de las relaciones sintácticas con implicaciones de concepto.

-El sentido: descubierto por los estoicos a través del acontecimiento, incorporal en la superficie de las cosas, entidad compleja irreductible, acontecimiento puro que insiste o subsiste en la proposición.

Esta serie tercera, "De la proposición", es la que comentó Jacques Nassif, el 19 de marzo de 1969, a pedido de Jacques Lacan. El sentido como incorporal en los estoicos, el *lekton*, guarda similitud con el concepto de *Sinn* de Frege, que Lacan tratara en el seminario XII. La distinción de significación, *Bedeutung*, y sentido, *Sinn*, ya había sido situada por Lacan en ese momento. Luego la retomó en su clase del 19 de enero de 1972 (Lacan, 2012: 52).

En este momento filosófico de Deleuze su versión del concepto de sentido es estoica. Así lo confirma la serie vigésimo primera de *Lógica del sentido*, en la que recurrió al ejemplo de Joe Bousquet para ilustrar que el acontecimiento no es el accidente, sino que está en lo que sucede como un expresado que hace señas y espera. Debe ser querido, comprendido y representado en lo que sucede. El sentido es el esplendor del acontecimiento (Deleuze, 2005: 158).

Con el objeto de esclarecer este definición tan abstracta, se la comparará con la definición de sentido que dio, años después, y que se encuentra en el libro *Conversaciones*, en que postuló que el sentido es lo mismo que la novedad de una proposición y es lo que despierta interés en otros, que es distinto de la verdad y del hablar sin tener qué decir (Deleuze, 1995: 208). En esta versión del sentido, más accesible a la comprensión, Deleuze considera la otredad. No es así en su versión del sentido de 1969.

Para describir la teoría del sentido de Deleuze en 1969, es necesario considerar lo que Deleuze había elaborado en *Diferencia y repetición*, de 1968. Allí dio distintas definiciones del sentido: "(...) el sentido es como la Idea que se desarrolla en las determinaciones sub-representativas. Nadie debe asombrarse de que sea más fácil decir lo que el sentido no es, que decir lo que es" (Deleuze, 2009: 237).

En su desarrollo sobre la imagen del pensamiento, el modo en que caracterizó la tradición cristalizada de la filosofía, aisló ocho postulados para delimitarla, de los cuales el sexto y el séptimo pertenecen al concepto de sentido (Deleuze, 2009: 235-255).

El sexto postulado es el de la función lógica o de la proposición, y el séptimo es el de la modalidad o de las soluciones.

En el sexto postulado plantea los modos de expresión y designación. En la expresión se enuncia algo ideal y la designación se dirige a los objetos acerca de los cuales se aplica lo enunciado. Esta clasificación se amplía en *Lógica del sentido,* siendo la expresión homóloga a la significación, agregando la manifestación y el sentido.

En el séptimo postulado se refiere a las soluciones y las respuestas, según el cual lo verdadero y lo falso comienzan con las soluciones donde se califican las respuestas:

> Una solución siempre tiene la verdad que merece según el problema al que responde; y el problema siempre tiene la solución que merece de acuerdo con *su* propia verdad o falsedad, es decir, de acuerdo con su sentido. (...) Las nociones de sinsentido, de falso sentido, de contrasentido, se deben relacionar con los problemas mismos (...) (Deleuze, 2009: 243).

Deleuze no solo recurrió al estoicismo en su definición del sentido en 1969, sino también a Lewis Carroll y a su personaje Alicia. En la undécima serie, Deleuze trató "Del sin-sentido":

> La lógica del sentido está necesariamente determinada a plantear entre el sentido y el sin-sentido un tipo original de relación intrínseca, un modo de copresencia, que por el momento sólo podemos sugerir tratando el sin-sentido como una palabra que dice su propio sentido (Deleuze, 2005: 87).

El sin-sentido es un concepto de Lacan que se encuentra en sus seminarios XI, y XII, y la próxima definición que encontramos en Deleuze guarda semejanza con la definición de Lacan del lenguaje como sistema de coherencia posicional que Lacan planteó, tempranamente, en su seminario III:

> Los autores que la costumbre reciente ha dado en llamar estructuralistas quizá no tengan sino un punto en común, aunque este punto es el esencial: el sentido, no como apariencia, sino como efecto de superficie y posición, producido por la circulación de la casilla vacía en las series de la estructura (lugar del muerto, lugar del rey, mancha ciega, significante flotante, valor cero, bastidor o causa ausente, etc.). El estructuralismo, consciente o no, celebra unos reencuentros con una inspiración estoica y carrolliana. La estructura es una máquina de producir sentido incorporal (Deleuze, 2005: 89).

En este párrafo transcripto existe una lectura que Deleuze hizo de cómo el objeto *a* circula en la cadena significante, y que ya fue ilustrado en "la paradoja de Lacan" que se trató en esta parte de la tesis, en la que Deleuze refiere al capítulo "Lana y Agua" de *Al otro lado del espejo, y lo que Alicia encontró allí.* Allí vincula la lectura que hizo Lacan de "La carta robada" de Poe, y "lo que falta a su lugar". Lo que Deleuze no compartió con la concepción del sentido de Lacan fue el valor del objeto *a,* en su función de falta, como el motor de producción de sentido, en su carácter de estructural.

Slavoj Žižek ubicó la captación de Deleuze de lo que llamó "el precursor oscuro" no solo en *Diferencia y repetición,* sin en *Lógica del sentido* (Žižek, 2006: 102) y la similitud con el objeto "a". Lo que no se encuentra en Deleuze es la articulación del casillero vacío, objeto *a,* con un significante que articule el sistema, es decir, el par S_1 -a. Ese significante es el significante del nombre del padre. En la concepción de Deleuze las series están en líneas de fuga. Y, el uso del casillero vacío-objeto *a* es imaginario y no tiene efectos de goce, como lo tiene en Lacan a partir de 1970. La versión del objeto *a* de Deleuze puede definirse en la concepción lacaniana como imaginaria.

La paradoja es un elemento crucial en la elaboración del sentido de Deleuze en este momento preciso. Se encuentra en la quinta serie cuyo título es "Del sentido":

> Ya que el sentido nunca está solamente en uno de los dos términos de una dualidad que opone las cosas y las proposiciones, los sustantivos y los verbos, las designaciones y las expresiones, ya que es también la frontera, el filo o la articulación de la diferencia entres los dos, ya que dispone de una impenetrabilidad que le es propia y en la que se refleja, debe desarrollarse en sí mismo en una serie de paradojas, esta vez interiores (Deleuze, 2005: 50).

Deleuze comentó cuatro paradojas en la serie quinta, "Del sentido":

-de la regresión o de la proliferación indefinida
-la del desdoblamiento estéril o de la reiteración seca
-de la neutralidad o del tercer estado de la esencial y
-la del absurdo o de los objetos imposibles

Es la segunda de ellas, la que le atribuye a los estoicos, en la que se evita la regresión al infinito al expresar el sentido por un verbo en infinitivo, o una forma interrogativa. De este modo el sentido suspende la afirmación y la negación. El sentido es extra-ser, no es el ser, e insiste o subsiste en la proposición. El punto más destacable de la lógica estoica es la esterilidad del sentido-acontecimiento, en el que se desprende que los incorporales no actúan ni padecen, son un resultado de la acciones y las pasiones. Llamó a esta paradoja, paradoja de los estoicos (Deleuze, 2005: 53). En esta argumentación de Deleuze se encuentra la clave el título del libro, tal como se ha conjeturado en esta investigación.

En la vigésimo sexta serie de *Lógica del sentido*, Deleuze trató el lenguaje. El lenguaje es posible gracias a los acontecimientos, que no hablan de los que no se dice nada. El acontecimiento hace posible el lenguaje y existe en la proposición como lo expresado o expresable envuelto en un verbo, constituyendo la superficie, y en su lugar fronterizo haciendo subir a los cuerpos, a los que remite como atributo noemático, y a las proposiciones, a las que remite como expresable.

La organización del lenguaje presenta tres figuras:

-la superficie metafísica o trascendental
-la línea incorporal abstracta
-el punto descentrado, los efectos de superficie o acontecimientos

El verbo es un proceso de reacción interior y la univocidad del lenguaje, "bajo la forma de un infinitivo no determinado, sin persona, sin presente, sin diversidad de voces. Como la poesía misma" (Deleuze, 2005: 191).

En esta última precisión de Deleuze se encuentra una diferencia radical con el psicoanálisis, debido a que los verbos son, como otros significantes, pasibles de ser trastocados por la intervención de un psiocanalista al provocar su equivocidad. La antinomia univocidad-equivocidad es un elemento central, como diferencia, entre las versiones del sentido de Deleuze y Lacan.

La construcción del concepto de sentido en Deleuze en 1969 requirió seleccionar series específicas de su libro, debido a que *Lógica del sentido* no presenta un orden jerárquico y secuencial argumentativo, sino que expone sus argumentos de modo disperso.

De la serialización

Deleuze concibió en *Lógica del sentido,* en la sexta serie "Sobre la serialización", a la forma serial como multiserial. De este modo, se encuentra que la serie es una forma de multiplicidad, lo que es totalmente solidario con su filosofía.

La naturaleza multiserial la construye situando en primer lugar la síntesis de lo homogéneo en la paradoja de la regresión, en la que cada nombre tiene un sentido designado por otro nombre, bajo la forma:

$$n_1 \longrightarrow n_2 \longrightarrow n_3 \longrightarrow n_4 \ldots$$

De este modo los nombres van logrando una mayor jerarquía respecto del anterior. Este modelo no es un modelo deleuziano, ya que produce un orden jerárquico.

Luego postuló una síntesis de lo heterogéneo, en una modalidad tal que "(...) cada nombre se toma en primer lugar en la designación que opera, y luego en el sentido que expresa, ya que es este sentido quien sirve de designado para el otro nombre (...)" (Deleuze, 2005: 57).

Concluye que cualquier serie de términos homogéneos que se diferencian por tipo o grado subsume dos series heterogéneas que tienen diferencia de naturalezas en sus términos.

La forma serial presenta las paradojas de dualidad. La ley de las dos series simultáneas es que no son iguales. Una se corresponde con el significante y la otra con el significado. Deleuze definió al significante como "cualquier tipo de signo en tanto que presenta en sí mismo un aspecto cualquiera del sentido" (Deleuze, 2005: 58)[4]. El significado no es el sentido mismo, sino un concepto.

El significante es el acontecimiento como atributo lógico ideal de un estado de cosas, y el significado es el estado de cosas con sus características reales. El significado es la cosa designada, el referente o el sujeto manifestado.

El ejemplo que Deleuze eligió en Jacques Lacan es la interpretación del

---

[4] Esta es una diferencia notable con el modo en que Lacan definió al significante como lo que representa a un sujeto para otro significante. Y, es un elemento clave para diferencias las teorías de sentido de cada uno de ellos.

cuento de "La carta robada" de Edgar Allan Poe, y planteó las series relacionadas a la identidad de los personajes del cuento. Eligió una lectura literaria del escrito de Lacan. Y, luego mencionó a James Joyce, planteando una serie significante "Bloom" y la otra "Ulises". También refirió a Raymond Roussel, ejemplo idéntico al que había planteado en *Diferencia y repetición*, en la página 188.

Deleuze enumeró tres caracteres que precisan la distribución de las series:

1) los términos de las series se desplazan perpetuamente respecto a los de la otra

2) la serie significante presenta un exceso sobre la otra

3) existe una instancia paradójica, especial, que asegura el desplazamiento de las series y el exceso de la serie significante

Esta instancia paradojal tiene dos caras, y asegura la convergencia de las dos series con la condición de hacerlas diverger sin cesar (Deleuze, 2005: 61). Este elemento es "lo que falta a su lugar", ya tratado en esta investigación.

El exceso de la serie significante es, para Deleuze, el lugar vacío móvil. Concluye esta serie con el ejemplo del estante vacío del capítulo "Lana y agua" de Lewis Carroll.

Esta concepción de Deleuze de la serie es homóloga al desplazamiento de sentido que se produce en el olvido de los nombres propios y que Lacan trató en su seminario V, en la clase del 20 de noviembre de 1957, recordando el ejemplo de Freud de Signorelli. La serie deleuziana guarda semejanza con la metonimia lacaniana, con la precisión de que en Deleuze el objeto *a*, causa de sentido en Lacan, no es estructural.

El exceso de la serie significante en Deleuze no llega a constituir la función del significante privilegiado en Lacan. Deleuze no constituye en su concepción de las series el para S_1 -a. Solo plantea un objeto de gran similitud con el objeto *a* en Lacan pero de carácter imaginario.

James Joyce

Deleuze se refirió a James Joyce en *Diferencia y repetición*, en 1968, dándolo como ejemplo de la reunión de series divergentes, en un caos-cosmos, y proponiendo a la epifanía en Joyce como el efecto de las series resonantes y divergentes y la acción del precursor oscuro:

La obra de Joyce recurre evidentemente a procedimientos muy distintos. Pero se trata de reunir un máximo de series dispares (en última instancia, todas las series divergentes constitutivas del cosmos), haciendo funcionar precursores sombríos de índole lingüística (en este caso, palabras esotéricas, palabras-valija), que no descansan sobre ninguna identidad previa, que no son, sobre todo, "identificables" en principio, sino que inducen un máximo de semejanza y de identidad en el conjunto del sistema, y como resultado del proceso de diferenciación de la diferencia en sí (véase la letra cósmica de *Finnegan´s Wake*). Lo que sucede en el sistema entre series resonante, bajo la acción del precursor oscuro, se llama "epifanía" (Deleuze, 2002: 189).

En esta serie sexta de *Lógica del sentido*, Deleuze realiza un desarrollo del concepto de series y da distintos ejemplos literarios como los de Poe, en *The purloined letter*, el *double thinking* de Carroll, Raymond Roussel, Pierre Klossowski, Witold Gombrowicz, y da otro ejemplo muy apreciado por Lacan que es el de James Joyce. Lacan remitirá a Joyce dos años después en su clase del 12 de mayo de 1971, en su seminario XVIII. Luego será en el XXIII donde consagre su lectura de James Joyce.

En tanto, Deleuze lo dio como ejemplo en 1969, de esta manera:

> Podemos citar varios autores que han sabido crea técnicas seriales de un formalismo ejemplar. Joyce asegura la relación de la serie significante Bloom con la serie significante Ulises gracias a múltiples formas que implican una arqueología de los modos del relato, un sistema de correspondencias entre números, un prodigioso empleo de palabras esotéricas, un método de preguntas-respuestas, una instauración de corrientes de pensamiento, de trenes de pensamiento múltiples (¿el *double thinking* de Carroll?) (Deleuze, 2005: 59).

Estas dos referencias a la obra de Joyce como ejemplo de la serialización es asimilable a lo que llamó la síntesis de lo heterogéneo al presentar el concepto de serie. Nuevamente se encuentra una lectura que propicia la concepción de la multiplicidad privilegiada respecto de cualquier orden jerárquico en el lenguaje, o una síntesis de lo homogéneo.

El precursor oscuro

Deleuze formuló su lógica del sentido con claras semejanzas a la de Jacques Lacan, tal como lo ha situado Slavoj Žižek:

> Deleuze introduce el término de "precursor oscuro" en *Diferencia y repetición*: "los relámpagos estallan entre diferentes intensidades, pero están precedidos por un precursor oscuro (*précurseur sombre*) invisible, imperceptible, que determina su camino de antemano, pero a la inversa como en un bajorrelieve" (…) En *Lógica del sentido*, Deleuze desarrolla este concepto por medio de una referencia directa a la noción lacaniana de "significante puro": tiene que haber un cortocircuito entre las dos series, la del significante y la del

significado, para que el efecto de sentido tenga lugar. Ese cortocircuito es lo que Lacan llama el "punto de almohadillado", la inscripción directa del significante en el orden del significado bajo la forma de un significante "vacío", sin significado (Žižek, 2004: 42-43).

Žižek planteó que Lacan apreciaba tanto *Lógica del sentido* porque "¿acaso la cuasi-causa deleuziana no es el equivalente exacto del objeto *a* de Lacan, esa entidad pura, inmaterial, espectral, que funciona como objeto-causa del deseo?" (Žižek: 2004: 40).

Por otro lado, encontramos que no existe en Deleuze una concepción del Gran Otro, y pensó las series en una regresión indefinida, sin articular la identificación. La identificación primordial no está planteada en Deleuze, y el precursor oscuro no es un objeto producto de una falta en el Otro. Hay una descripción del desplazamiento del objeto=x, sin la dimensión del sentido en que en Lacan incluye al Otro. En Deleuze hay series y regresión indefinida:

> En cuanto a ese objeto mismo, tampoco puede ser tratado como un término último u original: sería darle un lugar fijo y una identidad por la cual su naturaleza externa siente repugnancia. Si puede ser identificado con el falo, sólo lo es en cuanto este, según las expresiones de Lacan, siempre está ausente de su lugar, falta a su identidad, falta a su representación. En suma, no hay término último, nuestros amores no remiten a la madre; simplemente la madre ocupa en la serie constitutiva de nuestro presente un lugar con respecto al objeto virtual, que es necesariamente ocupado por otro personaje en la serie que constituye el presente de otra subjetividad, considerando los desplazamiento de ese objeto=x (Deleuze, 2002: 167).

Deleuze explica en este párrafo de *Diferencia y repetición* cuál es su propia versión de lo que en Lacan es la metáfora paterna. En esta versión deleuziana no operan el deseo materno, y este está reemplazado por el amor a la madre que es un elemento de una serie. En esta versión de Deleuze no hay un gran Otro ni barrado ni sin barrar. En el lugar de un gran Otro hay series. En este modelo de Deleuze no hay centro.

Tal como se ha tratado en esta investigación, la lógica del sentido de Deleuze incluye al acontecimiento, un elemento nuevo respecto de lo que se ha elaborado como la lógica del sentido de Lacan hasta 1970. Aunque en Deleuze existan elementos similares a la lógica del sentido de Lacan, no se evidencia una concepción del significante al modo de Lacan. En este capítulo se ha especificado que el significante para Deleuze es un signo. No así para Lacan, ya que el significante es lo que representa a un sujeto para otro significante.

Con el objeto de analizar la objeción de Deleuze a una tesis de Lacan fue necesario, metodológicamente, extraer conceptos nucleares del libro *Lógica del sentido* en el que se sitúa la objeción. Los conceptos aquí tratados dan contexto a la objeción que se analizará. El de mayor jerarquía conceptual es el de Univocidad del Ser, que se presentará como la mayor diferencia con Lacan.

El concepto de sentido en Deleuze en 1969 tiene fuente en los estoicos y se sostiene en este trabajo que el título de *Lógica del sentido* procede primordialmente de esta fuente filosófica. El sentido es el esplendor del acontecimiento y es necesario concebirlo en la forma de paradojas.

La paradoja del desdoblamiento estéril o de la reiteración seca es la que mereció la categoría de paradoja de los estoicos en el análisis de Deleuze.

El objeto *a* que se le atribuye a Deleuze es de carácter imaginario, debido a que nunca lo concibió como estructural y no incide en su lógica del sentido.

Que el sentido se exprese en el verbo infinitivo y que este transmita la univocidad del lenguaje es un elemento radical diferencial para el análisis de la objeción de Deleuze a lo que él llamó la "tesis de Lacan".

La recepción lacaniana de *Lógica del sentido* de Gilles Deleuze

La recepción lacaniana de *Lógica del sentido* de Gilles Deleuze es la presentación que Lacan hizo de este libro el 12 de marzo de 1969, y del que Jacques Nassif comentara una serie, y el pedido de Lacan de que alguien analizara la objeción de Deleuze en un pie de página de la última serie del libro ha quedado como un problema abierto desde ese entonces.

El concepto cuestionado por Deleuze fue el concepto de sentido, y dentro de su complejidad, los conceptos de equivocidad, la función metafórica y la relación de la equivocidad con la sexualidad. Es necesario especificar que la teoría del sentido de Deleuze y la teoría del sentido de Lacan son disímiles en el momento en que se sitúa esta investigación, el año 1969. Los conceptos de sujeto y de sentido son radicalmente distintos en las lógicas del sentido de Lacan y de Deleuze (Bisso, 2013).

Como se ha postulado, la lógica del sentido de Lacan comprende un sentido producto de la cadena significante, cuya representación más lograda es el discurso del amo y del inconsciente, y con una concepción de sujeto efecto de la concatenación significante.

La lógica del sentido de Deleuze es una lógica del sentido neutro, con una concepción de singularidad y multiplicidad, distinto del concepto de sujeto tradicional. En esta lógica el sentido es el esplendor del acontecimiento, en la que la univocidad del ser es su pilar ontológico.

La objeción de Deleuze a "una tesis de Lacan"

Entramos en detalle en la objeción que Deleuze hizo a la "tesis de Lacan" en la última serie de *Lógica del sentido*.

La primera lectura de la objeción ofrece un obstáculo a la comprensión y refiere al artículo de Laplanche y Leclaire.

Aun así, y si se prescindiera de la referencia a ese artículo, el argumento de Deleuze desconoce la función metafórica en el lenguaje de manera radical. Esta no inclusión de la función metafórica en el lenguaje en el teoría del sentido de Deleuze sesga también el estilo de la objeción y la dificultad en seguir su lógica interna.

Deleuze dice oponerse a "la tesis de Lacan" y se verá de qué manera eso no se verifica nítidamente en el momento de su objeción, el año 1969.

También se analizará de qué modo, poco tiempo más tarde y en noviembre de 1971, Lacan acuñó el término *lalengua*, que en *L'Etourdit* y en su seminario XX responde a un elemento de la objeción de Deleuze y a la pregunta tópica por la localización de la fuente de lo equívoco.

Por lo tanto, la respuesta a esta objeción no tiene un argumento único, sino que fue necesario seleccionar cada uno de ellos. La respuesta a la objeción se construye con distintos conceptos de la enseñanza de Lacan y serán expuestos a continuación.

Desmontaje de la objeción de Deleuze

La objeción de Deleuze se ubica en el pie de página de la trigésima cuarta serie de *Lógica del sentido*, titulada "Del orden primario y de la organización secundaria". Se dirige al funcionamiento del inconsciente en el modelo que

Freud postuló en su ensayo *Lo inconsciente*, reformula el concepto de equivocidad e introduce el concepto de univocidad.

Este cuestionamiento de Deleuze, al tratar la localización de lo equívoco y lo unívoco, también se relaciona con el escrito *La instancia de la letra en el inconsciente o la razón desde Freud* de Lacan. Estos textos de Freud y Lacan son referencias directas y necesarias para una lectura de la objeción.

En la trigésimo cuarta serie de *Lógica del sentido,* Deleuze desarrolló una versión propia del inconsciente: la organización secundaria del inconsciente se constituye en el verbo y el orden primario está constituido por palabras que son pasiones del cuerpo y acciones, posesiones demoníacas o privaciones divinas (Deleuze, 2005: 248). La organización secundaria del inconsciente deleuziano constituida por el verbo, "la representación verbal", introduce la Univocidad (Deleuze, 2005: 250). Este elemento difiere radicalmente del inconsciente concebido por el psicoanálisis. En este marco del inconsciente deleuziano, con una organización secundaria que produce univocidad, es donde toma lugar la objeción que se analizará a continuación. Es "lo que representa una falla" y que Lacan invitaba a encontrar.

Deleuze trastocó la concepción de equivocidad, señalando que "a partir del equívoco sexual que clausura toda equivocidad, el humor libera lo Unívoco desexualizado, univocidad especulativa del ser y del lenguaje; toda la organización secundaria en una palabra" (Deleuze, 2005: 250). Y en este punto es donde aparece la llamada a pie de página en donde situó su objeción a una "tesis de Lacan".

Se transcribe la objeción que está ubicada en el pie de página completa. Y, a continuación se abstraerán sus elementos con el objeto de analizarlos y responderlos con conceptos del psicoanálisis:

> No podemos seguir aquí la tesis de Jacques Lacan, al menos tal y como la conocemos referida por Laplanche y Leclaire en "L´Inconscient" (*Temps Modernes*, julio, 1961, págs. 111 y sigs.) A partir de esta tesis, el orden primario del lenguaje se definiría por un deslizamiento perpetuo del significante sobre el significado, suponiendo que cada palabra no tenga sino un solo sentido y remita a las otras palabras por una serie de equivalentes que este sentido le abre. Por el contrario, en cuanto que una palabra tiene varios sentidos que se organizan a partir de la ley de la metáfora, deviene en cierto modo estable, al mismo tiempo que el lenguaje escapa al proceso primario y funda el proceso secundario. Es, entonces, la univocidad lo que definiría lo primario, y la equivocidad la posibilidad de lo secundario (pág. 112). Pero la univocidad es considerada aquí como la de la palabra, no como la del Ser que se dice en un solo y mismo sentido para cualquier cosa, ni tampoco del lenguaje que lo dice. Se supone que lo unívoco es la palabra, aunque al final haya que concluir que una palabra semejante no existe, no tiene ninguna estabilidad y es una "ficción". Nos parece, por el

contrario, que la equivocidad caracteriza propiamente a la voz en el proceso primario; de haber una relación esencial entre sexualidad y la equivocidad, habrá de ser bajo la forma de este límite en lo equívoco, de esta totalización que hará posible lo unívoco como verdadero carácter de la organización secundaria del inconsciente (Deleuze, 2005: 250).

Los elementos a analizar en esta objeción son:

1) La univocidad en la asociación libre y metonimia: "que una palabra tenga un solo sentido y remita a otras palabras para una serie de equivalentes que este sentido le abre"

2) La multivocidad de la palabra y la metáfora: "en cuanto que una palabra tiene varios sentidos que se organizan a partir de la ley de la metáfora, deviene en cierto modo estable, al mismo tiempo que el lenguaje escapa al proceso primario y funda el proceso secundario"

3) Conjetura de Deleuze de lo que sería la "tesis de Lacan": "la univocidad lo que definiría lo primario, y la equivocidad la posibilidad de lo secundario"

4) La univocidad del Ser: "Pero la univocidad es considerada aquí como la de la palabra, no como la del Ser que se dice en un solo y mismo sentido para cualquier cosa, ni tampoco del lenguaje que lo dice"

5) La diferencia entre palabra y significante en psicoanálisis. Deleuze pasa del significante, *signifiant*, cuando cita el artículo de Laplanche y Leclaire, a la palabra, *mot*.

6) La relación entre sexualidad y equivocidad: "de haber una relación esencial entre sexualidad y la equivocidad"

7) El inconsciente deleuziano: equivocidad en el proceso primario y univocidad en el proceso secundario: "Nos parece, por el contrario, que la equivocidad caracteriza propiamente a la voz en el proceso primario; (...) de esta totalización que hará posible lo unívoco como verdadero carácter de la organización secundaria del inconsciente"

De estos siete elementos extraídos de la objeción, el cuarto de ellos que se ha identificado como la Univocidad del Ser, corresponde a la ontología de Deleuze, y que no es dialictizable con el psicoanálisis, tal como se tratará próximamente.

La univocidad en la asociación libre y metonimia

Es preciso definir que la univocidad es la cualidad de un término que tiene un solo sentido. La equivocidad es la cualidad de un término que produce más de un sentido.

La univocidad no es un concepto tratado por el psicoanálisis elaborado por Lacan ya que es ajeno a la lógica del significante imperante en el momento de la objeción, año 1969. Más tarde, en su seminario XIX, Lacan precisará que ni siquiera el Uno es unívoco, sino que padece de *bifidité* (Lacan, 2012: 132).

La función del objeto *a* como causa de sentido es el concepto necesario para argumentar que no es posible pensar la univocidad en la asociación libre y metonimia. El objeto *a* en su función estructural es lo que causa la metáfora y la metonimia por igual. Deleuze no aceptó al objeto *a* como estructural, sino como imaginario en la época del 1969. La paradoja de Lacan con la que lo homenajeó en *Lógica del sentido* refiere a un objeto que se desplaza pero que no está articulado al lenguaje, ni representa una falta o vacío de estructura.

En el seminario V se encuentra una demostración freudiana en el olvido de los nombres propios. Es la falta de un significante, un vacío, lo que mueve la cadena asociativa buscando el nombre olvidado. Esa búsqueda del nombre olvidado es una evidencia del efecto del objeto *a* como vacío (el olvido en este ejemplo) que hace de causa de deslizamiento de sentido.

También se encuentra la misma función del objeto *a* respecto de la metonimia en la clase del 01.02.1961 en el seminario VIII, *La transferencia:* "Este objeto privilegiado del deseo culmina para cada cual en aquella frontera, en aquel punto límite que les he enseñado a considerar como la metonimia del discurso inconsciente" (Lacan, 2003: 172).

Pero, ya en la última clase del seminario IX, el 27 de junio de 1962, se encuentra de qué manera Lacan ilustraba al objeto *a* respecto del deslizamiento de sentido cuando argumentó que toda metáfora, incluyendo a la del síntoma, intenta producir la aparición del objeto *a* en la significación, pero la multivocidad que engendre no llega a tapar el agujero de la pérdida nuclear.

En su clase del 26 de noviembre de 1969, a solo seis meses de mencionar la objeción de Deleuze en el aula, explicó la lógica del discurso del amo y del inconsciente, lo que en esta investigación se ha llamado la lógica del sentido de Lacan (Bisso, 2013: 7), en la que refiere a la repetición que tratara Freud. La repetición es uno de los temas esenciales que Deleuze trató en su tesis doctoral, *Diferencia y repetición*, en la que refirió al psicoanálisis.

Lacan explicó de qué manera funciona el discurso del inconsciente y del amo, en el que se produce el objeto *a*. Aquí tenemos la relación del objeto *a*, en este caso como el efecto del sentido.

En los ejemplos anteriores se mostró al objeto *a* como causa del deslizamiento a la altura del seminario V, en el olvido de los nombre propios; luego en el seminario IX, el objeto *a* como causa de la plurivocidad y trabajo del síntoma y de lo simbólico, y en el seminario XVII, al objeto *a* como efecto de sentido.

Son tres modos distintos de describir la producción de sentido. La versión del seminario XVII es la continuidad del surgimiento del sujeto que analiza en su escrito *Posición del inconsciente* y en su seminario XII, *Problemas cruciales del psicoanálisis*.

Lacan en su seminario XIX, *...o peor,* mostró de un modo muy ilustrativo para este desarrollo:

> El decir tiene sus efectos, a partir de los cuales se constituye lo que denominamos fantasma, es decir, la relación entre el objeto *a*, que es lo que se concentra a partir del efecto del discurso para causar el deseo, y eso que se condensa alrededor, como una hendidura, y que se denomina sujeto. Es una hendidura porque el objeto a está siempre entre cada uno de los significantes y el que sigue. Y el sujeto siempre está, no entre, sino por el contrario, hendido (Lacan, 2012: 226).

En esta descripción se encuentra al objeto *a* entre un significante y otro en el desplazamiento de sentido.

Ante la afirmación de Deleuze acerca de que la teoría lacaniana dice que el deslizamiento de sentido es la univocidad, es evidente que es la versión de Deleuze y no la de Lacan acerca de la metonimia.

La omisión de la función del objeto *a* en el lenguaje trae como consecuencia una concepción no psicoanalítica de la equivocidad de los significantes. En el seminario XIV, *La lógica del fantasma*, Lacan precisó que la primera *Bedeutung* es el objeto *a*.

El primer objeto que un sujeto pretende nombrar es el objeto perdido. Como es imposible nombrar un vacío, es allí donde se produce la inserción del goce en lo simbólico, que Lacan luego tratará en la primera clase del Seminario XVII, *El envés del psicoanálisis*. No se trata de que los sentidos de una palabra se organizan en la metáfora, sino que la polisemia es el efecto de que es imposible nombrar el objeto perdido. El efecto del objeto *a* como primer referente se ilustra en el discurso del analista, en el que es el objeto *a* como agente quien produce al sujeto y cuyo producto es un S_1.

Como se ha visto en esta investigación, Deleuze tenía su lectura del precursor oscuro y S. Žižek encontró en *Lógica del sentido* la versión deleuziana del "punto de almohadillado". También se ha tratado en esta investigación la paradoja de Lacan y "lo que falta a su lugar" tal como Deleuze lo planteó en *Lógica del sentido*. Sin embargo, en la objeción que lo aparta de la "tesis de Lacan", Deleuze no hizo uso de estos elementos que conocía.

En dos de las afirmaciones, la primera de ellas que relaciona univocidad con deslizamiento de sentido y la segunda que ubica a la metáfora como organizadora de la polisemia de los significantes, Deleuze omitió la función estructural del objeto *a* y su función en la producción de sentido en el lenguaje.

La multivocidad de la palabra y la metáfora

Lacan escribió *La instancia de la letra o la razón desde Freud* en mayo de 1957. En él planteó a la metáfora y a la metonimia como las figuras de estilo o tropos que ilustran la condensación y desplazamiento que Freud indicara como modos en los que opera la elaboración onírica.

Retomó la referencia a su texto y desarrolló sus conceptos en las clases de su seminario V, *Las formaciones del inconsciente*, entre el 6 de noviembre de 1957 y el 8 de enero de 1958, volviendo a él a lo largo de toda su enseñanza que concluyó en 1980.

Lacan indicó que el síntoma es una metáfora, y el deseo es una metonimia. Estas dos figuras son fuente de análisis para la objeción que Deleuze planteara en el último capítulo o serie de *Lógica del sentido* en un pie de página en 1969.

Ya en 1957, hacia el final del texto *La instancia...* Lacan planteó:

> Y así, para que los invite a indignarse de que después de tantos siglos de hipocresía religiosa y de fanfarronería filosófica, todavía no se haya articulado válidamente nada de lo que liga a la metáfora con la cuestión del ser y a la metonimia con su falta (...) (Lacan, 1975: 508).

Encontramos que el 4 de abril de 1962, en su seminario IX, *La identificación*, Lacan hizo un planteamiento que responde a su propia afirmación de que no existe la explicación religiosa o filosófica de la relación entre el ser y la metáfora, pero sí se explica en psicoanálisis:

> Si el hecho de que el goce, en tanto goce de la cosa, está prohibido en su acceso fundamental, si es eso lo que les dije durante todo el año del seminario sobre la Ética, si es en esa suspensión, en el hecho de que este goce está suspendido, *aufgehoben*, que yace propiamente el plano de apoyo que va a constituirse como tal y sostener se el deseo -es verdaderamente la aproximación más lejana de todo lo que la gente puede decir- ustedes no ven que podemos formular que el Otro, ese Otro en tanto se plantea a ser y a la vez no es, en tanto el es a ser el Otro aquí cuando nos adelantamos hacia el deseo vemos que en tanto su soporte es el significante puro, el significante de la ley que el Otro se presenta aquí como metáfora de esta interdicción (Lacan, 04.04.1962, s/e).

Que el ser tenga relación con la metáfora en psicoanálisis se explica al considerar que el gran Otro es una metáfora de la prohibición del goce de la Cosa. El Otro del inconsciente está constituido por significantes, pertenece al registro Simbólico y opera en tanto se ha cumplido la sustracción del objeto *a,* operación que produce la metonimia de la falta en ser.

El gran Otro del inconsciente es la metáfora de la prohibición del goce que le posibilita el deseo a un sujeto. La singularidad del ser en psicoanálisis es que se origina en una pérdida. Se trata de un ser constituido por un vacío.

En la medida en que Lacan refiere a la metáfora y al ser, estamos en el campo de la equivocidad, ya que es un modo de tratar la metáfora por el psicoanalista lo que produce efectos de sentido.

Por lo tanto, de este modo se esclarece la oposición de la concepción deleuziana del Ser que es lo unívoco, con la concepción lacaniana del ser que no es y causa equivocidad.

Conjetura de Deleuze de lo que sería la "tesis de Lacan"

Surge una pregunta tópica y es dónde se localiza la fuente de equivocidad para Lacan. Esta pregunta tópica es la fuente de la hipótesis de esta tesis. Se encontró que es en un concepto posterior a 1969 en donde Lacan localiza la fuente de la equivocidad.

Es falso que para Lacan es "la univocidad lo que definiría lo primario, y la equivocidad la posibilidad de lo secundario", debido a que tal como se desarrolló en el punto anterior, condensación y desplazamiento para Lacan, coincidentemente con Freud, se hallan en el proceso primario.

No se encontró en Lacan un cambio al respecto hasta 1969, momento de la objeción de Deleuze. De la condensación en Freud y metáfora en Lacan se conjetura la equivocidad potencial, ya que al manipular la barra de la fracción se produce el efecto de sentido, que ilustra la equivocidad de cada significante. Para Lacan la equivocidad está en el proceso primario.

Esta conjetura deleuziana le permitirá operar un "anti-Lacan" al postular su propia versión del inconsciente en el reverso de una conjetura errada. Deleuze pensaba en el modelo de antinomias, y así fue como leyó a Spinoza como anticartesiano, propuso un antiplatonismo, y en este momento, en esta objeción producía su anti-Lacan.

Llega a esta conjetura falsa deduciendo a la metonimia como unívoca.

En el artículo de Laplanche y Leclaire se encuentra la fuente directa del comentario de Deleuze. En el tercer ítem del punto *La metáfora constitutiva del inconsciente y la represión originaria* los autores se preguntan por "la identidad de los dos términos que, en la cadena inconsciente, se hallan en posición de significante y de significado: S/S". Recurren a Freud y luego

plantean que en el nivel del lenguaje preconsciente, la distinción de significante (las palabras) y del significado (las "imágenes") existe. En el nivel del
lenguaje inconsciente no hay más que imágenes, a la vez e indisolublemente
en función de significantes y de significados. Y, puntualmente:

> Conviene sin embargo distinguir el modo de funcionamiento del proceso
> primario de nuestra "ficción originaria", y en el caso de la cadena inconsciente:
> en el primer caso, a pesar de todo había distinción del nivel significación y del
> nivel significado, y deslizamiento incoercible de uno sobre otro; en el segundo
> caso, la posibilidad de "todos los sentidos" se produce a partir de una verdadera
> identidad del significante y del significado. ¿Es decir, entonces, que ya no hay
> posibilidad de deslizamiento? Al contrario, pero diríamos que lo que aquí se
> desliza, lo que es desplazado, es la energía pulsional, en estado puro, no especi-
> ficada (Laplanche y Leclaire, 1969: 60).

Se encuentra nítidamente qué elemento del ensayo de Laplanche y Leclaire Deleuze utilizó para su objeción: el deslizamiento perpetuo del significante
sobre el significado en la gran fracción saussureana. Lo que se representa en
esta tesis así:

$$\frac{S \rightarrow}{S \rightarrow}$$

El segundo elemento de la pseudo-tesis de Lacan es el siguiente:

> Por el contrario, en cuanto que una palabra tiene varios sentidos que se
> organizan a partir de la ley de la metáfora, deviene en cierto modo estable, al
> mismo tiempo que el lenguaje escapa al proceso primario y funda el proceso
> secundario. Es, entonces, la univocidad lo que definiría lo primario, y la equi-
> vocidad la posibilidad de lo secundario (Deleuze, 2005: 250).

Encontramos en el ensayo de Laplanche y Leclaire que se evidencia como
la fuente del elemento anterior:

> El segundo nivel de simbolización es el que hemos descripto, siguiendo
> a Freud, como represión originaria, y siguiendo a Lacan como metáfora. (...)
> Para retomar una palabra que Merleau-Ponty utiliza a propósito de la percep-
> ción, esta segunda etapa es la del *anclaje* en el mundo simbólico (Laplanche y
> Leclaire, 1969: 61).

Frente a estos dos elementos que Deleuze toma del ensayo citado, él conjetura que la univocidad se escribe:

$$\frac{S \to}{S \to}$$

y que constituye el proceso primario. La flecha indica sentido único y, en su lectura, univocidad. Deleuze asimiló la univocidad al desplazamiento de sentido o metonimia, entendida de esa manera con el proceso primario.

Estas dos interpretaciones de Deleuze respecto de la cadena significante y el sentido son el preámbulo de la inserción de su postulado filosófico mayor y es el siguiente:

> Pero la univocidad es considerada aquí como la de la palabra, no como la del Ser que se dice en un solo y mismo sentido para cualquier cosa, ni tampoco del lenguaje que lo dice (Deleuze, 2005: 250).

Esta inclusión de su univocidad del Ser, su ontología, lo separa taxativamente del psicoanálisis. En esta frase convive una objeción al psicoanálisis con una referencia a la filosofía, un punto de imposibilidad dialógica, ya que Jacques Lacan fue claro al respecto diciendo en su seminario VI, en la clase del 3 de junio de 1959, que el Ser es el corte, y que el Uno no es una noción unívoca.

La univocidad del Ser

Se continúa con el análisis tratando ahora el párrafo: "Pero la univocidad es considerada aquí como la de la palabra, no como la del Ser que se dice en un solo y mismo sentido para cualquier cosa, ni tampoco del lenguaje que lo dice" (Deleuze, 2005: 250).

Como se situó la univocidad que Deleuze le atribuye a la asociación libre no es demostrable. No hay relación directa entre metonimia y univocidad. De existir un enunciado claramente unívoco, con un solo sentido y significación, no permitiría el desplazamiento de sentido. Si hay metonimia, desplazamiento de sentido, hay objeto a estructural entre significantes y hay equivocidad, porque el objeto a estructural es fuente de equivocidad. El S_1 solo es sinsentido, pero no unívoco. Lo sinsentido es distinto de lo unívoco.

Esta univocidad conjeturada erróneamente es diferenciada por Deleuze de la univocidad del Ser. Él ubicó en su objeción dos modos de univocidad, la que conjeturó en el inconsciente psicoanalítico, ubicándolo en el plano de la palabra, y la Univocidad del Ser, su ontología.

Deleuze anunció en esta objeción que no seguía a la "tesis de Lacan". Se trata de una toma de posición respecto de la concepción que cada uno de ellos, Lacan y Deleuze, adoptaba respecto del sentido, en el par equivocidad-univocidad.

La equivocidad es una variable constitutiva del concepto de sentido en psicoanálisis y es operatoria, ya que llegará a constituirse como el modo de interpretación psicoanalítica por excelencia en 1974.

La diferencia entre palabra y significante en psicoanálisis

Es muy importante señalar que Deleuze pasó del "significante" a la "palabra" en su objeción:

"(...) *D´après cette thèse, l´ordre primaire du langage se définirait par un glissement perpétuel du **signifiant** sur le signifié, chaque **mot** étant supposé n´avoir qu´un seul sens* (...)" (Deleuze, 1969: 289), y utilizó desde ese momento "palabra" en lugar de "significante" para postular la univocidad del Ser.

La palabra y el significante son diferentes en psicoanálisis, no son sustituibles entre sí. La gran diferencia entre ellos es que, tal como planteó Lacan en su conferencia dictada en Sainte-Anne el 4 de noviembre de 1971: "La palabra define el lugar de aquello que se llama la verdad. Lo que señalo desde su entrada, por el uso que quiero hacer de ella, es su estructura de ficción, es decir, también de engaño" (Lacan, 2012: 30).

La palabra engaña, y no así el significante que es una pieza en un engranaje del discurso.

El 14 de enero de 1970, Lacan planteó la lenguaje como aparato de goce, en el que la articulación produce sentido, y al ser humano como el humus del lenguaje. Y, este lenguaje como aparato de goce es un funcionamiento que va más allá de la palabra.

La definición del significante es la de que representar a un sujeto para otro significante, lo que se escribe de esta manera:

$$\frac{S}{\not{s}} \nearrow \frac{S}{}$$

Por lo tanto, al definir al significante en su versión canónica es dar con la forma del discurso. En la apertura del seminario XVI, Lacan postuló que "la esencia de la teoría psicoanalítica es un discurso sin palabras". Y, la esencia del discurso analítico es hacer aparecer la función del plus-de-gozar, que es la renuncia al goce como efecto del discurso mismo. Esto da el lugar al objeto *a*.

Este es el modo en que Lacan escribió en la primera clase del seminario XIV qué lugar ocupa el sujeto barrado entre significantes:

$$\frac{S}{\cancel{S}} \nearrow \frac{S}{a}$$

Y, como ya se ha planteado solo faltan ajustes para llegar a escribir el discurso del amo y del inconsciente. Por lo tanto, en la definición del significante está el germen de lo que será el discurso como lógica y articulación.

La palabra produce una significación imaginaria, y por lo tanto, ficcional. El significante como pura materialidad toma su lugar respecto de otro significante.

Por lo que la oposición palabra-significante no es tan precisa como la oposición palabra-discurso, siendo el elemento diferencial la relación con la verdad.

La palabra dice la verdad, engañosa, y el discurso analítico dice la verdad a medias.

La relación entre sexualidad y equivocidad

El siguiente elemento del análisis de la objeción de Deleuze es su cuestionamiento a la relación entre sexualidad y equivocidad: "(...)de haber una relación esencial entre sexualidad y la equivocidad, habrá de ser bajo la forma de este límite en lo equívoco(...)"

El vínculo entre sexualidad y equivocidad en psicoanálisis parte del descubrimiento freudiano desde sus primeros casos de pacientes histéricas. El síntoma conversivo es un lenguaje encriptado en el que se espera descifrar el sentido inconsciente. El síntoma en el cuerpo en la histeria condensa múltiples sentidos a liberar. No se trata de un sentido unívoco del sexo con el síntoma, sino polisémico.

A diferencia del diagnóstico en la medicina en que los síntomas son signos de una enfermedad, en el psicoanálisis los síntomas son significantes a descifrar.

En psicoanálisis, el síntoma no tiene una relación unívoca con un referente sino que, por el contrario, el síntoma condensa más de un sentido, y se caracteriza por su equivocidad.

-El chiste y el campo de lo sexual

La primera relación que se encuentra entre sexualidad y equivocidad en psicoanálisis es en *El chiste y su relación con lo inconsciente* de Sigmund Freud en 1905. La equivocidad es una de las subvariantes de la técnica del chiste de doble sentido, tal como Freud organizó la clasificación en *La técnica del chiste*. Allí reproduce un chiste de Spitzer respecto de un marido y su esposa (Freud, t.VIII, 40-41).

En el séptimo apartado, "El chiste y las variedades de lo cómico", se encuentra:

> De ordinario, el campo de lo sexual y obsceno resultan las más abundantes oportunidades para ganar un placer cómico junto a la excitación sexual placentera, en la medida en que se puede mostrar al ser humano en su dependencia de necesidades corporales (rebajamiento) o descubrir tras el reclamo del amor anímico la exigencia corporal (desenmascaramiento) (Freud, t. VIII, 210).

Luego de que Lacan produjera la afirmación de que *la relación sexual no existe* y *el amor es dar lo que no se tiene* es posible leer la afirmación de Freud en la que el desenmascaramiento del deseo sexual muestra la condición ficcional del amor producida como velo a lo real.

Para hablar de sexualidad en este chiste se recurrió a la metáfora. Es importante tener en cuenta este dato ya que luego se verá de qué manera Lacan pensó la relación de sexualidad, metáfora e inconsciente.

Jacques Lacan elaboró su grafo del deseo inspirado en el *Witz*. En la primera clase del quinto seminario dijo que es la sustitución de un significante por otro, la metáfora, es la función de surgimiento del sentido. En la técnica psicoanalítica la intervención que produce el efecto de sentido es un modo de manipular la metáfora. Se interviene bajo la hipótesis de que el significante es polisémico. De ese modo, al citar un significante dicho por el paciente, se pone en movimiento la función del objeto *a*, como causa del deseo, el lugar en el que el analista no ofrece sentidos, sino que los trastoca no ofreciendo ninguno, al modo de operar como la luna del espejo, metáfora de abstinencia y neutralidad que planteara Freud en sus escritos técnicos.

Cuando Freud destaca que es la sexualidad el tema que más variedad ofrece a la técnica del chiste, también se conjetura que de la sexualidad es posible hablar a partir de metáforas, por ejemplo el sueño. Las producciones del inconsciente tratan la sexualidad por la metáfora y la mentonimia.

Existe otro argumento que se encuentra en la clase del 12 de abril de 1967, en la que Lacan planteó que el inconsciente no habla la sexualidad, ni la canta, sino que produce objetos que guardan relación de metáfora y metonimia con ella.

Se trata de un pasaje de su seminario XIV, *La lógica del inconsciente*, en el que aparece la fórmula de que no existe la relación sexual. El poema *Unión libre* de André Breton ilustra de modo ejemplar este modo en que es posible hablar de sexualidad a través de metáfora y metonimia de los objetos a[1].

En este poema André Breton se refiere a los objetos a: voz, mirada, oral y anal con metáfora y metonimia. También en los sueños, o en los actos fallidos se encuentran sentidos sexuales. Son los objetos a, causa de decir, los que convocan a los significantes que arman la concatenación.

Existe una razón por la que el inconsciente no dice ni canta la sexualidad, y es que lo único que se tiene como significante que refiere al sexo es al falo simbólico, el que tiene el poder de significación. Lo que no hay es un significante que designe lo femenino, lo que en Lacan adoptará distintas formulaciones. Si el inconsciente sólo cuenta con un significante que refiere al sexo, y falta al significante de lo femenino, no hay modo de decir la sexualidad. Lo que se tiene de lo femenino es una falta o ausencia que Lacan volvió operatoria el inventar el objeto a.

Existe en Jacques Lacan, y en la época en que se encuentra la objeción de Deleuze, un argumento que postula que la producción de sentido, la manifestación de lo equívoco en el lenguaje, sustituye al significante imposible que escriba lo sexual.

El encastre hombre-mujer no tiene inscripción en el lenguaje. La equivocidad es el efecto de esa inscripción imposible, y remite a la función del falo:

> Por la manera en que efectivamente interviene en lo que se puede llamar la relación sexuada, seguro que la función del falo no es en ningún caso más que una función tercera. Ella representa ya sea lo que se define en primer lugar como la falta, esto es, estableciendo el tipo de la castración como lo que instituye el de la mujer, ya sea, por el contrario lo que del varón indica de manera muy problemática lo que se llamaría el enigma del goce absoluto (Lacan, 2008: 291).

El argumento para responder a la relación entre sexualidad y equivocidad en psicoanálisis en 1969 es que la castración en la mujer, y el goce absoluto en el varón son representados simbólicamente por el falo, que cumple una función tercera en esa disimilitud radical entre el hombre y la mujer. Un significante el falo representa el binomio fálico-castrado, por lo que no hay un significante para el varón y uno para la mujer en el inconsciente, hay solo uno para ambos que representa dos situaciones disímiles, por lo tanto el falo en su función no es unívoco, representa dos elementos.

---

[1] Unión libre: *"Ma femme à la chevelure de feu de bois/Aux pensées d'éclairs de chaleur/A la taille de sablier/Ma femme à la taille de loutre entre les dents du tigre/ Ma femme à la bouche de cocarde et de bouquet d'étoiles de/dernière grandeur/ Aux dents d'empreintes de souris/ blanche sur la terre blanche/A la langue d'ambre et de verre frottés/ Ma femme à la langue d'hostie poignardée/A la langue de poupée qui ouvre et ferme les yeux (...)"*

A continuación se tratará una fórmula posterior y alternativa al argumento de1969.

-El sentido como lo que sustituye a lo sexual que falta

En el seminario V, *Las formaciones del inconsciente*, luego de ahondar en el concepto de sentido durante las primeras cinco clases, dirá hacia el final: "*Je ne crois pas que le terme de sens soit là autre chose que un espèce d`affaiblissement dont il s`agit à l`origine*", el 16 de abril de 1958. Este debilitamiento activo en el origen puede ubicarse como el antecedente de la ausencia irremediable de un significante, que nombre lo que advendrá como el objeto *a*, que cuatro años después será la causa de producción de sentido.

El 11 de junio de 1974, Lacan afirmó que el sentido no es sexual sino que sustituye a lo sexual que falta y, también afirmó que las palabras están hechas para ser plegables en todos los sentidos debido a que lalengua está hecha para semiotizar la confusión de sentimientos.

Si comparamos al sentido como un debilitamiento activo en el origen en 1953 con el sentido como la suplencia de lo sexual que falta en 1974 encontramos que ambas definiciones, con la gran diferencia de veintiún años de enseñanza, conciben a la producción de sentido causada por un déficit.

La equivocidad es una cualidad intrínseca de la sexualidad, debido a que el objeto *a*, en sus modos conocidos como oral, anal, voz y mirada, producidos por el inconsciente, guardan una relación de metáfora y metonimia con la sexualidad.

Del mismo modo en que es imposible nombrar la Cosa de modo unívoco, es imposible escribir la relación sexual debido a que no existe un significante que nombre lo femenino o la mujer en el inconsciente. Existe una lógica de fálico-castrado que Sigmund Freud elucidó.

Al no existir la escritura de la mujer no hay modo de escribir la relación hombre y mujer, y la relación sexual entre ellos. Es esa ausencia de significante de la mujer lo que produce el sentido como suplencia, y este tiene por naturaleza el desplazamiento y la fuga en su intento incesante de nombrar lo imposible de nombrar, la relación sexual no cesa de no escribirse. La equivocidad es la propiedad del sentido como suplencia de lo innombrable.

El inconsciente deleuziano

Deleuze concluyó el pie de página postulando su propio modelo de inconsciente: "Nos parece, por el contrario, que la equivocidad caracteriza propiamente a la voz en el proceso primario; (...) de esta totalización que hará posible lo unívoco como verdadero carácter de la organización secundaria del inconsciente" (Deleuze, 2005: 250).

Deleuze propuso que en el proceso primario opera la equivocidad, y en el proceso secundario la univocidad. A lo largo de la serie trigésimo cuarta de *Lógica del sentido*, Deleuze elaboró su propia versión del inconsciente tal como lo hizo con el concepto de *phantasme*, ya tratado en esta tesis.

En esta trigésimo cuarta serie de su libro integra distintos desarrollos de series anteriores. Aquí opera una integración de series del libro y se demuestra una organización argumental que no es esperable según la forma del libro, tal como se analizara anteriormente.

En la vigésimo séptima serie, "De la oralidad", Deleuze se preguntó cómo se produce el pasaje del ruido a la palabra, de qué manera de los estados de los cuerpos aparece el acontecimiento incorporal. Entonces propone que el sonido se independiza, no por un valor convencional, sino porque saca su independencia a la superficie "de una instancia más alta: la expresividad" (Deleuze, 2005: 193). Este elemento clave en el pasaje del ruido a la palabra remite a su tesis *Spinoza y el problema de la expresión*[2], y es un ejemplo en el que se confirma que Deleuze elaboró una filosofía del lenguaje y del inconsciente tal como afirma James Williams. Deleuze inventó conceptos filosóficos con conceptos del psicoanálisis.

Deleuze diseñó un sistema propio en el que el hablar supone el verbo, el verbo es la "representación verbal" entera y "el más alto poder afirmativo de la disyunción (univocidad para lo que diverge)" (Deleuze, 2005: 243). Es en el verbo donde se construye la organización secundaria y, luego, toda la ordenación del lenguaje. El sin-sentido es el punto cero del pensamiento.

> Para que hubiera lenguaje, y pleno uso de la palabra conforme a las tres dimensiones del lenguaje, era preciso pasar por el verbo y su silencio, por toda la organización del sentido y el sinsentido sobre la superficie metafísica, última etapa de la génesis dinámica (Deleuze, 2005: 244).

---

[2] En la lectura de Deleuze los atributos son verdaderos verbos, en Spinoza, y tienen un valor expresivo. Ver *Spinoza y el problema de la expresión*, pág 39. Muchnik Editores, 1996, Barcelona España.

Es el verbo, la instancia umbral en la surge el lenguaje y el sentido. El verbo es, en esta filosofía deleuziana del inconsciente, el elemento estoico por excelencia.

Tanto en *Lo inconsciente* como en *La instancia de la letra...* la equivocidad, concebida como la condensación en Freud y la metáfora en Lacan, opera en el proceso primario.

La equivocidad se evidencia al manipular la barra de la fracción saussureana, en la metáfora y, en consecuencia, en la condensación de Freud.

Ahora bien, la univocidad no es concebible en el proceso secundario en el campo del psicoanálisis. Esta univocidad que Deleuze introduce en su objeción es un elemento de su propia ontología, e implica que si hay univocidad no hay posibilidad de operar en discurso analítico, no hay posibilidad de producir un efecto de sentido, de interpretar por el enigma, el modo de interpretación psicoanalítica que Lacan planteó en 1970.

Se encuentra en *Del psicoanálisis en sus relaciones con la realidad* de Lacan de 1967 la siguiente distinción:

> La asunción mística de un sentido más allá de la realidad, de un ser universal cualquiera que se manifieste allí en figuras, ¿es compatible con la teoría freudiana y con la práctica psicoanalítica?
>
> Seguramente quien tomara el psicoanálisis como una vía de este tipo se equivocaría de puerta (Lacan, 2012: 372).

Un ser universal y un sentido más allá es el que Deleuze elabora en su Univocidad del Ser, inspirado en la ontología de Spinoza concebida como un Dios matemático. Esta ontología es con la que diseña su propio modelo de inconsciente.

Ante este inconsciente deleuziano, y al desagregar la univocidad del proceso secundario, se postula la pregunta por dónde se localiza la equivocidad en el inconsciente para Lacan.

En esta investigación esta pregunta es una pregunta tópica porque apunta a la localización.

Respuestas psicoanalíticas

La equivocidad se localiza en *lalengua*

El 4 de noviembre de 1971, dos años y medio después de que Lacan comentara la objeción de Deleuze, presentó su nuevo concepto, *lalengua*:

> "Lalengua" (*lalangue*), como lo escribo ahora —no tengo pizarrón... bueno, escriban *lalengua* en una palabra; es así como lo escribiré de ahora en más ¡Miren qué cultivados son! ¡Entonces no se oye nada! ¿Es la acústica? ¿Querrían hacer la corrección? No es una *d*, es una *g*. Yo no dije el inconsciente está estructurado como *lalengua*, sino que está estructurado como un lenguaje, y volveré sobre esto más tarde.

El texto más logrado para responder a la objeción de Deleuze, y en particular a la localización de la fuente de lo equívoco, se ha encontrado en *Televisión* de 1973. Allí evoca a los estoicos en su distinción significante y significado, utilizando la traducción que hizo Saussure. Lacan planteó: "La batería significante de *lalengua* solo proporciona la cifra del sentido. Cada palabra (*mot*) toma allí, según el contexto, una gama enorme, disparatada, de sentidos, sentidos en los que lo heteróclito se atestigua con frecuencia en el diccionario" (Lacan, 2012: 542).

Ahora bien, en el seminario XXIII, en la clase del 9 de marzo de 1976, donde Lacan aclaró que es en *lalengua*, es donde se encuentra la fuente de lo equívoco, y es una instancia anterior al inconsciente:

> El hombre es portador de la idea de significante. Esta idea, en *lalengua*, depende esencialmente de la sintaxis. En todo caso, lo que caracteriza a lalengua son los equívocos posibles, como ilustré con el equívoco *deux* (dos) con *d'eux* (de ellos) (Lacan, 2006: 114-115).

Con esta precisión que hizo Lacan respecto de la equivocidad que es posible en *lalengua*, se responde que la equivocidad no se localiza en el proceso primario sino en una instancia más temprana en su constitución.

Bajo la concepción deleuziana de lo que es un concepto:

> (...) todo concepto tiene un perímetro irregular, definido por la cifra de sus componentes. Por este motivo desde Platón a Bergson, se repite que el concepto es una cuestión de articulación, de repartición, de intersección. Forma un

todo porque totaliza sus componentes, pero un todo fragmentario (Deleuze, G. y Guattari, F., 2001: 20).

Lalengua, en cuanto designa en qué lugar opera la equivocidad, es un concepto que tiene intersección con la objeción de Deleuze, en este elemento tópico preciso.

La objeción de Deleuze de 1969 que Lacan pidiera analizar cuestiona dónde se localiza lo equívoco en el inconsciente para Lacan, y que produce una conjetura errada ya que dice que para Lacan la equivocidad se localiza en el proceso secundario y la univocidad en el primario. Se consideró que para Lacan la univocidad no era concebible y que la equivocidad se localiza en *lalengua*. En esta investigación se propone que esta objeción es un antecedente de *lalengua* de 1971 por las siguientes razones:

- por solidaridad conceptual debido a que *lalengua* responde dos años después a la localización de lo equívoco en Lacan, esclareciendo y corrigiendo la conjetura de Deleuze;

- la recepción de Lacan del 12 de marzo de 1969 en que pidió analizar la objeción, que es prueba de que para Lacan esta objeción tenía interés, aunque no se encontró que alguien respondiera a su pedido cuatro décadas después;

- la objeción es un antecedente de *lalengua* por el orden cronológico de su aparición. Para que la objeción sea un antecedente es necesario que exista antes. Lacan pide a su público el análisis de la objeción en marzo de 1969 y presenta el concepto de *lalengua* el 4 de noviembre de 1971, más de dos años después.

De la escritura del inconsciente a la escritura de *lalengua*

Lacan formalizó el disurso del inconsciente con el siguiente matema:

$$\uparrow \frac{S_1}{\mathcal{S}} \xrightarrow{} \frac{S_2}{a} \downarrow \quad // $$

Más tarde, en 1973, formalizó a *lalengua* con el siguiente matema:

$$S_1 \, (S_1 \, (S_1 \, (S_1 \longrightarrow S_2)))$$

A la luz de la objeción de Deleuze, un cambio importante entre ambas escrituras es que en la primera de ellas, de 1969, aún es posible interpretar la univocidad ilustrada por un único vector entre S_1 y S_2.

El concepto de univocidad del lenguaje que sirve para la comunicación entre uno y otro, una esencia del lenguaje a partir del amo, se representa en el vector entre entre S_1 y S_2 (Miller, 2013: 346). Existe un solo S_1 y un solo vector a S_2. Podría soportarse en esta escritura la univocidad que leyó Deleuze. Aunque el discurso del Amo y del Inconsciente que escribió Lacan articula al objeto *a* en función en la cadena significante, esta articulación del mecanismo o lógica del sentido no explicita por sí solo la equivocidad.

Con la formalización de *lalengua* los múltiples S_1 indican la equivocidad.

La objeción de Deleuze, en su versión propia de lo unívoco y lo equívoco del inconsciente, se convierte en este argumento en un antecedente de la escritura de *lalengua*. De modo tal que, la escritura de *lalengua* con sus múltiples S_1 evita interpretar la univocidad en el inconsciente, al modo en que lo hizo Deleuze en su objeción a una "tesis de Lacan".

El argumento dialéctico

La objeción de Deleuze a "una tesis de Lacan" que se analiza no llegó a constituirse en, por ejemplo, una "Querella de la equivocidad". La última vez que Lacan mencionó a Deleuze en su enseñanza fue el 19 de marzo de 1969. Lacan no hizo de esta objeción una querella, y quedó como problema abierto sobre el que no se encontraron análisis exhaustivos posteriores.

La creación de *lalengua* cambió la jerarquía conceptual del inconsciente freudiano, cuando Lacan afirmó que el inconsciente es un saber-hacer con *lalengua*.

Al convertirse el inconsciente freudiano en un concepto subsidiario de *lalengua* también cambió la jerarquía y el alcance de la objeción de Deleuze.

La objeción de Deleuze a una "tesis de Lacan" se produjo en el marco de un concepto de inconsciente distinto del inconsciente del psicoanálisis.

En esta versión deleuziana de inconsciente, la organización secundaria produce la univocidad del ser en el lenguaje, y la equivocidad se localiza en el proceso primario.

Esta distribución de equivocidad en el proceso primario y univocidad en la organización secundaria se contrapone a lo que Deleuze conjeturó, erróneamente, que era la "tesis de Lacan": es la "univocidad lo que definiría lo primario, y la equivocidad la posibilidad de lo secundario". Considerando el pedido explícito de Lacan de entrar en el detalle de esta objeción (2008:

201-202) esta es la falla sobre la que Deleuze realizó la creación de su propio concepto de inconsciente, y la consecuente objeción analizada.

Se ha encontrado que el concepto de *lalengua* que instituyó Lacan a partir de 1971 es el concepto que responde cabalmente a la objeción de Deleuze, no solo en la respuesta sobre la localización de lo equívoco, sino en la formalización, especificando la equivocidad con la multiplicidad de S_1, y también situando que la objeción de Deleuze no recayó sobre un concepto estructurante, como lo sería *lalengua*, sino sobre un concepto subsidiario de aquella, el inconsciente.

Cuando el inconsciente de la cadena significante que produce sentido maquínicamente fundado en la identificación al padre, S_1, pasa a ser una lucubración de saber sobre *lalengua*, en consecuencia es subsidiario de esta.

Hacia la *lalangue*

Se ha conjeturado en esta investigación que Lacan produjo una lógica del sentido en su discurso del amo y del inconsciente, en 1969, y pasó a localizar el sentido en la escritura de nudos a partir de su seminario XIX, cuando presentó el nudo borromeo. Estos dos grandes períodos son los ejes principales resultantes de la construcción del concepto de sentido.

La objeción de Deleuze apareció cuando Lacan culminaba su lógica del sentido, que tuvo por antecedentes a la metáfora del nombre del padre y luego a la lógica del fantasma.

La objeción de Deleuze a la "tesis de Lacan" evidenció las limitaciones de la gran fracción saussureana para representar la localización de la equivocidad. El nudo borromeo, en contraste con la fracción, es una escritura que soporta lo Real, representando los tres registros Real, Simbólico e Imaginario.

El objetivo de continuar con la progresión del concepto de sentido en la enseñanza de Jacques Lacan, luego de ocurrida la objeción de Deleuze, es contar con la evidencia de que la objeción de Deleuze tocó un aspecto nuclear del concepto de sentido que es la función metafórica. Lacan revisó la metáfora en *Radiofonía*, y en otros momentos próximos a ese texto.

Luego orientó la elaboración del sentido hacia lo Real. Su forma más acabada llegará en el seminario XXIII, *el Sinthome,* donde planteará el sentido en lo Real.

Existe un corte entre el modelo de la cadena significante y el modelo de los nudos en el seminario XIX, en el que Lacan introduce el nudo borromeo y al objeto *a* surgiendo de un nudo de sentido, lo que se tratará a continuación.

En el seminario XVII es donde el goce se introduce en la cadena significante en la inscripción mítica del S_1.

En los seminarios XVIII y XIX, volvió a la escritura que había planteado en su seminario IX, a elementos del seminario XII, como la referencia a los sofistas.

El sentido como suplencia de la falla sexual estará claramente formulado en el seminario XXI.

Se desarrollará el segundo lineamiento del sentido que tiene como eje primordial la relación del *rebús*, acertijo de escritura tal como apareció en la obra de Sigmund Freud, la nominación, lo escrito y el sentido en lo real, que luego se consolidará en los seminarios XXII y XXIII, cuando Lacan elabora el concepto de *sinthome*.

Entre 1953 y 1970, Lacan elaboró un concepto de sentido en una lógica en la que la injerencia del gran Otro era de capital importancia. A partir de 1970, el concepto de sentido queda relacionado con la escritura en el inconsciente y orientado a lo Real.

1970. Sentido y escritura

Luego de formalizar los discursos y en el discurso del amo y del inconsciente una lógica del sentido, Lacan produjo en el seminario XVIII un retorno a la preponderancia de lo escrito, que tiene su antecedente en Sigmund Freud, y en la figura de *rebús*. Freud utilizó esa figura, la del acertijo escrito, y Lacan trató este elemento en *La instancia de la letra...* (Lacan, 1975: 490). Allí es donde lo ubicó J. Miller (2012: 127). Lo que a esta investigación es fundamental es situarlo, también, en "Psicopatología de la vida cotidiana" en *El olvido de los nombres propios*, específicamente cuando Freud ilustró que "(...) los nombres habían recibido parecido trato que los pictogramas de una frase destinada a trasmudarse en un acertijo gráfico (*rebús*)" y "(...) sin miramiento por el sentido ni por el deslinde acústico entre sílabas" (Freud, 1980: 13).

Es por la vía del olvido de los nombres propios, el nombre propio, y la nominación por donde continuó su avance en el seminario XXII y XXIII, con la nominación y el *sinthome*. Es en este momento de su enseñanza en donde aparece en toda su importancia el concepto de sentido relacionado a la escritura, y orientado a lo Real, y ya no en la cadena significante.

Esta es la situación que crea las condiciones de posibilidad para la aparición de *lalengua*, cuyos antecedentes se tratan en esta parte de la tesis. *Lalengua* es un nudo, y está esencialmente escrita en el cuerpo produciendo goce.

En el seminario XVIII se encuentra que Lacan hizo una recopilación de sus referencias del concepto de sentido, y volvió a formulaciones tempranas de su enseñanza, como *El Seminario de la carta robada*, *La instancia de la letra o la razón desde Freud*, vuelve sobre *Sinn* y *Bedeutung* de Frege, que se encuentran en su seminario XII. Ya están en elaboración las fórmulas de la sexuación que concluirá en su seminario XX. El elemento crucial de esta recopilación sobre el concepto de sentido es la referencia al *Witz* de Sigmund Freud: "Hay que dar a la palabra sentido un peso que no posee, puesto que el milagro, la maravilla que prueba que hay algo para hacer con el lenguaje, a saber, el chiste, descansa precisamente en el sinsentido" (Lacan, 2009: 82).

Si es posible hacer algo con el lenguaje es provocar sinsentido bajo la técnica del chiste. Freud ahondó en la técnica del chiste, y esencialmente operando en el discurso analítico, en el que el analista no responde, sino que interviene para producir el aislamiento de los significantes amo, evitando la producción de sentido, tal como se ha establecido en el piso inferior del discurso del analista. Se reproduce aquí lo que J. Miller postuló como el matema del chiste, en su clase del 22 de mayo de 1996, en el seminario *La fuga del sentido* (Miller, 2012: 375). Se constata que el piso inferior coincide con el piso inferior del discurso del analista:

Matema del chiste

$$S(\bar{A})$$
$$S_2 \,//\, S_1$$

Discurso del analista

$$\frac{a \longrightarrow \bar{S}}{S_2 \;//\; S_1}$$

Radiofonía: metáfora y metonimia

El texto *Radiofonía* (1970) constituye un inventario exhaustivo de conceptos que guardan correspondencia con la objeción de Deleuze.

Los conceptos más importantes son la ontología, el inconsciente, el significante, la metáfora y la metonimia, *lekton*, estoicos e incorporal.

En la respuesta a la tercera pregunta que le hacen en *Radiofonía*, Lacan planteó, luego de tratar el efecto de sentido que opera la metáfora y el efecto de condensación que parte de la represión: "Sobre esto un profesor universitario evidentemente inducido por mis proposiciones (a las que él cree oponerse, mientras se apoya en ellas contra un abuso del que se abusa, indudablemente sin motivo) ha escrito cosas que hay que retener" (Lacan, 2012: 439). No se ha verificado en esta investigación que esta alusión se dirigiera a Deleuze.

Radiofonía es un texto óptimo para extraer respuestas del psicoanálisis a la objeción de Deleuze, por ejemplo: "Esta materialización intransitiva, diremos, del significante al significado es lo que se llama el inconsciente, que no es anclaje sino depósito, aluvión del lenguaje" (Lacan, 2012: 440). Esta precisión acerca de la naturaleza del inconsciente como aluvión de lenguaje es un antecedente de *lalengua*.

En *Prefacio a una tesis* (1970), reiteró que el lenguaje es la condición del inconsciente (Lacan, 2012: 421) tal como lo hizo en *Radiofonía* (Lacan, 2012: 429), aclarando una afirmación de Laplanche y Leclaire en la que asignaban un "*status* ontológico" al inconsciente en el lenguaje (Laplanche y Leclaire, 1969: 61-62). Esta polémica fue incluida en esta investigación bajo el título "el problema de la doble inscripción".

El dinamismo del inconsciente es engendrado por la metáfora y la mentonimia. La barra de la fracción saussurena hace borde real, salta del significante que flota al significado que fluye. La metonimia es goce del sujeto y la pasión significante se desliza bajo lo que se inscribe, en un goce encantando con un cuerpo que resulta ser el lugar del Otro.

"Es que no metaforizo la metáfora, ni metonimizo la metonimia al decir que equivalen a la condensación y al giro en el inconsciente" (Lacan, 2012: 442). Se trata de un revisión de los fundamentos que Lacan estableció en *La instancia de la letra...*, texto al que también refirió en su seminario XVIII.

La función de lo escrito

En el seminario IX, Lacan hizo un desarrollo que trató el nombre propio, la importancia del fonema en la nominación siguiendo la teoría de Gardiner, pasando por el ideograma y luego el significante.

A partir del ideograma aparece la escritura, y cuando el ideograma toma función silábica, se vuelve significante. Esta composición del lenguaje, hecha de un pasado fonético, que pasa de la imagen a lo escrito y lo escrito pierde el referente y se hace significante, es la misma lógica que se ha mostrado en el lenguaje de las mercancías en Marx, cuando él planteó que ninguna mercancía puede referirse a sí misma y debe referirse a otra mercancía para producir el valor. La pérdida del referente en la realidad hace a la naturaleza del significante.

Para que se produzca el sentido, metonímico, fue necesario que el dibujo que representara a un objeto se ligara con otro dibujo que representaba a otro objeto, y así formar una palabra que significaba un concepto.

El significante perdió su relación al objeto, referente en lo real, y es lo que Freud mostró en sus técnicas del chiste.

En estas primeras clases del seminario IX, Lacan partió del nombre propio como un sinsentido, aunque tenga significación, dando el ejemplo de Smith, que significa herrero. Este desarrollo de Lacan que va del nombre propio a la escritura está desplegado en las primeras nueve clases del seminario IX, *La identificación*.

El su clase del 10 de marzo de 1971, en su seminario XVIII, Lacan volverá sobre los ideogramas. Lo que lo conducirá al rasgo unario, en la clase siguiente, y a la formulación de que "*La* mujer, si existe no tiene nada que ver con la letra" (Lacan, 2009: 100).

Ese retorno que hizo Lacan a su formulación de 1961 lo condujo a tratar la escritura de lo que impide escribir la relación sexual.

En este seminario propuso que el sentido se produce ante la imposibilidad de escribir la relación sexual, planteo que se consolidará hacia el seminario XXI.

En la clase del 9 de enero de 1973, en su seminario XX, Lacan comenzó diciendo que "la letra es algo que se lee" (Lacan, 1981:38).

Refirió a Sir Flinders Petrie, a quien ya había mencionado en 1961 y en 1965, quien estudió las letras del alfabeto fenicio, en las escrituras encontradas en cerámicas, que circulaban en el mercado.

Y, luego recurrió a James Joyce, en quien "el lenguaje se perfecciona cuando sabe jugar con la escritura" (Lacan 1981: 48) comentando que:

> (…) el significante viene a rellenar como picadillo al significado. Los significantes se aglomeran, se entrechocan – lean *Finnegan´s Wake* - y se produce así algo que, como significado, puede parecer enigmático, pero es realmente lo más cercano a lo que nosotros los analistas, gracias al discurso analítico, tenemos que leer: el lapsus (Lacan, 1981: 49).

Se trata de una escritura sinsentido, ante la que el lector queda librado a la atribución de distintos sentidos, tal como se comprueba en la vasta literatura crítica, e interpretativa, que produjo el escrito *Ulyses*. Lacan mismo planteó que "Admito que Joyce no es legible; ciertamente no se lo puede traducir al chino" (Lacan, 1981: 48-49).

De lo que se trata es de saber lo que, en un discurso, se produce como efecto de lo escrito. El escrito de la S es el lugar del significante en la gran fracción de Saussure, y la s que ocupa el lugar del significado. La asignación de lugares son tarea del discurso.

En psicoanálisis se altera la significación compartida y a un significante se le hacen decir otras cosas diferentes al sentido común. Es por eso que el concepto de sentido es clave en la práctica del psicoanálisis, porque el analista opera alterando el sentido, en un efecto que será de vaciamiento, mostrando que el significante no tiene un significado fijo, que la barra de la gran fracción de Saussure ilustra la arbitrariedad de la relación significante-significado, que Lacan reconstruyó en el seminario IX, y en el XVIII, cuando describió de qué manera la escritura ideográfica, la china por ejemplo, tiene en su historia la fonación, la imagen, y que luego esos ideogramas al combinarse entre sí se vacían de su referente y pasan a producir nuevos sentidos. De esta manera, es imposible traducir los escritos de Joyce al chino, debido a que es una escritura totalmente divorciada de la voluntad de significar algo, de nombrar algo del mundo. No hay en la escritura de Joyce una lógica del sentido como la que se construye del seminario XII al XIV, que desembocará en el discurso del amo e inconsciente.

Ahora bien, hay otro elemento clave en estas formulaciones de Lacan y es que lo femenino no tiene escritura inconsciente: "la mujer no toda es, hay siempre algo en ella que escapa del discurso" (Lacan, 1981: 44) en tanto el hombre es un significante. Esta diferencia entre lo masculino que sí se escribe y lo femenino que carece de significante en el inconsciente harán la imposibilidad de escribir la relación sexual. Tema crucial en el seminario XIX, donde Lacan produjo las fórmulas de la sexuación.

Porque lo femenino no tiene escritura es que surge el sentido, del mismo modo en que el objeto *a* como el primer referente, la primera *Bedeutung,* en el seminario XIV, llama al significante unario, a lo que será algo más tarde el S_1, lo femenino causa el desplazamiento de sentido, pone al hombre a hablar.

La escritura está en lo real y el significante en lo simbólico. La escritura de Joyce es real divorciada de lo simbólico por su ausencia de efecto retroactivo de un Otro como lugar del código, considerando el modelo del concepto de sentido del seminario V. La ausencia de un Otro del inconsciente en James Joyce se verifica en su escritura en lo real.

Diana Rabinovich postuló, en su clase inédita del 30.08.1995, que Lacan se dedicó a estudiar a Joyce y no a Lewis Carroll, debido a que la escritura del primero privilegió la contingencia de la vecindad significante y este estilo se corresponde con *lalengua,* en tanto el segundo era más propicio para la lógica del significante que Lacan abandonara.

El sentido del sentido

Ogden y Richards, en el lógico-positivismo, aspiraron a encontrar una significación acabada a un texto enunciado, o en términos lacanianos, a detener la fuga de sentido. Este propósito de detener la fuga de sentido ya existía en la *Metafísica* de Aristóteles, cuando se propuso definir conceptos cruciales para malograr la práctica de los sofistas quienes no atendían a la verdad sino a la retórica. El propósito de fijar la relación entre un significante y un único significado es un modo de cristalización de lo que Lacan abstraería como el discurso universitario, ya que el lugar del agente estaría ocupado por el S_2, quien encarna el sentido. El producto es la división subjetiva. Este intento de petrificar la significación produce un laberinto resultado de la diversidad de perspectivas posibles.

La referencia a Ogden y Richards y su libro *The meaning of meaning* (1923) tuvo más de una aparición en la enseñanza de Lacan.

Jacques Alain Miller le dio a esta referencia un valor histórico, destacando un capítulo en especial y es el de "La teoría de la definición". Y, respecto de este capítulo dijo que "en la definición se vuelve siempre a las mismas palabras que hay que definir" (Miller, 1995: 20).

Ogden y Richards produjeron un libro clásico que se publicó durante décadas, y trataron una Ciencia Simbólica en la que partieron clasificando tres factores en la interpretación de una enunciación, y que son los procesos mentales, el símbolo y un referente, como algo acerca de lo cual se piensa (Ogden y Richards: 1964: 253).

J. Miller planteó que en la síntesis del capítulo acerca de la definición, (Ogden y Richards 1964: 257), los autores califican de laberinto a la situación que se produce al analizar las definiciones que son sustitutos de los referentes de un símbolo. Lo que problematiza el análisis de las definiciones son los múltiples puntos de vista posibles.

En el seminario XVIII, Lacan planteó que esto daría por tierra con el discurso matemático ya que es una escritura de la que no se desprende ninguna significación (Lacan, 2009, 54). Con este argumento Lacan abordó la función de lo escrito

Una de ellas fue en *Función y campo de la palabra y del lenguaje en psicoanálisis*, donde se preguntó: "¿Cómo agotaría en efecto la palabra el sentido de la palabra o por mejor decir con el logicismo positivista de Oxford, el sentido del sentido, sino en el acto que la engendra?"(Lacan, 1975: 260-261).

En el momento en que planteó esta crítica, refirió a *El chiste y su relación con el inconsciente* en Freud, elogiando el genio de su autor al presentar la complejidad en la que se produce el *witz*, de qué modo existe la dimensión del otro en la retroacción al sujeto.

O bien, en *Variantes de la cura tipo* planteó: "Ningún concepto sin embargo da el sentido de la palabra, ni siquiera el concepto del concepto, pues ella no es el sentido del sentido. Pero da al sentido su soporte en el símbolo que ella encarna por su acto" (Lacan, 1975: 338).

Este párrafo se lee directamente con el capítulo acerca del concepto en el libro que se trata. Un poco más adelante, Lacan aclaró: "(...) la llave cuya pérdida lleva al logicismo positivista a investigar el "sentido del sentido", ¿no hace también reconocer en ella el concepto del concepto, en cuanto que se revela en la palabra en acto?" (Lacan, 1975: 339).

Tempranamente, 1953 y 1955, en estos escritos Lacan situó la dimensión de sujeto en la enunciación, y a la palabra como soporte material.

En *La instancia de la letra (...)* Lacan insistió con el *meaning of meaning*, planteando que el significante no está atado a una significación y que este es la naturaleza del lenguaje (Lacan, 1975: 478). En esta ocasión referirá a la matemática como sinsentido, y es lo que volverá a plantear en el seminario XVIII.

Que entre un significante y otro significante esté el objeto *a*, el objeto metonímico, es la razón por la cual Ogden y Richards eligieron la metáfora del laberinto al tratar las diversas perspectivas desde las que es posible significar un enunciado.

El 17 de mayo de 1972, Lacan planteó respecto del objeto *a*: "según ya lo expliqué cuando comencé a hablar de él a propósito del lenguaje, *corre, corre el hurón*, en todo lo que ustedes dicen. A cada instante está en otro lado" (Lacan, 2012: 179).

Lituraterra

Lituraterre es una palabra creada por Lacan, compuesta por *litura,* que significa tachadura en latín, y *terre,* que significa tierra. En su clase del 12 de mayo de 1971 planteó esta palabra para referirse a una colaboración que le habían pedido para hablar de literatura y psicoanálisis.

Respecto del concepto de sentido que se trata en esta investigación, la relación con la literatura apareció tempranamente en Lacan.

Existe una relación antinómica entre la acepción de sentido que dio en el año 1957, metonímica, y lo que se encuentra en *Lituraterre,* debido a que introduce su lectura de los textos de James Joyce, la escritura con sentido en lo real, en relación con la anterior que se concibió como imaginaria y simbólica, en la tradición narrativa de la novela realista.

De esta manera *Lituraterre*, como invención, remite a lo tachado en la tierra, a una marca.

Luego de una introducción en esa clase sobre la relación entre psicoanálisis y literatura planteó:

> Les propondré algo, así brutalmente, por venir después de *a letter, a litter.* Voy a decirles - ¿la letra no es acaso lo literal que hay que fundar en el litoral? (…) ¿La letra no es propiamente litoral? El borde del agujero en el saber, que el psicoanálisis designa justamente cuando lo aborda, con la letra, ¿no es lo que ella, justamente, traza? (…) Entre el goce y el saber, la letra constituiría el litoral (Lacan, 2009: 109).

La pregunta que Lacan planteó y que resulta fundamental a los fines de esta investigación es cómo hace el inconsciente para regir la función de la letra, luego de esta pregunta remitió a *La instancia de la letra* (...) a la metáfora y a la metonimia. Luego distinguió enfáticamente a la letra del significante, distinción que se encuentra en ese escrito: "Designamos como letra ese soporte material que el discurso concreto toma del lenguaje. Esta simple definición supone que el lenguaje no se confunde con las diversas funciones somáticas y psíquicas que le estorban en el sujeto hablante" (Lacan, 1975: 475).

La demansión de la verdad

En la clase del 20 de enero de 1971 Lacan inventó la palabra *"demansión"* para nombrar lo que soporta al semblante. Para tratar este concepto es necesario recurrir al discurso del amo:

$$\uparrow \quad \frac{S_1}{\cancel{S}} \longrightarrow \frac{S_2}{a} \quad \downarrow$$

El sujeto barrado está en el lugar de la verdad, y ocupa un lugar correlativo al del S_1 o semblante, que se escribe así:

$$\text{Semblante} \quad \uparrow \quad \frac{S_1}{\cancel{S}}$$
$$\text{Verdad}$$

De allí que la verdad solo se pueda decir a medias, ya que su mansión de decir, el lugar en donde se dice la verdad, es entre significantes, considerando que un significante es lo que representa a un sujeto para otro significante. El semblante tiene por verdad la división subjetiva.

En la clase del 17 de febrero de 1971, Lacan volvió sobre la nueva palabra *demansión* y planteó:

> Interrogar la *demansión* de la verdad en su morada es algo -he aquí la novedad de lo que introduzco hoy- que solo se hace por lo escrito, y esto en la medida en que solo por lo escrito se constituye la lógica (Lacan, 2006: 60).

El lugar donde se dice la verdad, su *demansión*, es el discurso como aparato. En la elaboración de esta investigación se ha llamado lógica del sentido de Lacan a su discurso del amo y del inconsciente, y es lo que permite crear las condiciones para aproximarse a la verdad que no puede decirse toda, sino a través de una escritura que se orienta a lo real. No es en la producción de sentidos, significaciones o en el sentido como goce en donde se dice la verdad.

En su clase del 21 de junio de 1972, Lacan se refirió nuevamente a la verdad:

La verdad ya implica el discurso. Eso no quiere decir que pueda decirse. Me mato diciendo que no puede decirse, o que solo puede semi-decirse. El goce existe. Debemos poder hablar de él. En contrapartida, hay algo diferente y que se llama decir (Lacan, 2012: 222).

1971. El objeto *a* nace de un nudo de sentido

Todo sentido es una opacidad. El seminario XIX guarda continuidad con el anterior, y su mismo título *"… o peor"* obedeció a la idea de que si no hay relación sexual, todo lo que se diga después de eso puede ser peor.

Es un seminario donde Lacan ahondó en el concepto de sentido, y es el segundo momento que se ha encontrado en el que planteó que dejaba el concepto de sentido para dedicarse al concepto de deseo (Lacan, 2012: 72).

El no-ser y la sofística

El seminario XII de Lacan fue uno de los seminarios más pródigos respecto del concepto de sentido. En ese espacio, el 2 de junio de 1965, Jean Claude Milner presentó un informe llamado *El punto del significante* y trataba sobre *El Sofista* de Platón.

En el cierre de esa clase en la que Milner presentara su informe, Lacan planteó que la significación es un real aparente y el sentido está en el nivel del no-sentido. Allí ubicó al sentido en relación al punto ciego de la realidad sexual. Aquí tenemos un antecedente de que el sentido es la suplencia de la falla sexual.

En su seminario XII, en la clase del 12 de mayo de 1965, también dijo que el psicoanalista era la presencia del sofista en esa época. En su clase del 12 de enero de 1972, Lacan recurrió nuevamente a la sofística para ilustrar la naturaleza del lenguaje y hablará de acción sofística (Lacan, 2012: 40).

El discurso ingenuo se inscribe de entrada como verdad. Ahora bien, desde siempre pareció fácil demostrarle, a este discurso, que no sabe lo que dice. No hablo del sujeto, hablo del discurso. Ese es el comienzo de la crítica del sofista. A quienquiera que enuncie lo que siempre es planteado como verdad, el sofista le demuestra que no sabe lo que dice. Ese es el origen de toda dialéctica (Lacan, 2012: 39).

En su libro *El efecto sofístico,* Bárbara Cassin propuso el término *logología* para nombrar a la percepción de la ontología como discurso y hace una descripción del mundo sofístico muy oportuna para comparar con la lectura de Lacan:

> Del conjunto de los diálogos de Platón se desprende la figura ahora tradicional de la sofística, desacreditada en todos los planos. En el plano ontológico: el sofista no se ocupa del ser y, en cambio, se refugia en el no ser y el accidente. En el plano lógico: no busca la verdad ni el rigor dialéctico, sino únicamente la opinión, la coherencia aparente, la persuasión y la victoria en la justa oratoria. En el plano ético, pedagógico y político: no tiene en vista la sabiduría y la virtud, ni para el individuo ni para la ciudad, sino el poder personal y el dinero. E incluso en el plano literario, porque las figuras de su estilo no son otra cosa que las ampulosidades del vacío enciclopédico (Cassin, 2008: 14-15).

En 1974, en *La tercera*, Lacan dirá que el diálogo *El Sofista* de Platón no es de su aprecio, y en su hipótesis falta saber qué era el sofista en esa época para captar el sentido de ese diálogo (Lacan, 1988: 76).

Néstor Luis Cordero, comentarista del diálogo en la edición de Gredos de 1988, dirá que el tema de este diálogo es el no-ser (Platón, 1988: 322). Existen distintas incógnitas respecto de este diálogo y la cuestión acerca de la unidad del diálogo es un tema de menor importancia frente a la riqueza de ejemplificar en vivo la tarea filosófica.

Este diálogo es muy importante para la crítica que hizo Deleuze a la Idea platónica y su elogio de la copia en su tesis *Diferencia y repetición*, texto contemporáneo de *Lógica del sentido*.

Es oportuno ubicar un punto de coincidencia entre el psicoanálisis y la sofística, y es la posición adversa a la ontología. Bárbara Cassin aclara cuál es la relación entre sofística y ontología de esta manera:

> (…) el logos sofístico queda siempre puesto en relación con lo mismo que procura eludir o destruir: el ser y la palabra del ser, idéntica o adecuada. Para intentar comprender la sofística, es preciso al menos aceptar considerar, más allá de las oposiciones entre filosofía y retórica, sentido y sinsentido, sus prestaciones discursivas como otras tantas tomas de posición sagaces contra la ontología: la sofística como finta de lo metafísico y alternativa, desde los presocráticos, al gran linaje de la filosofía (Cassin, 2008: 18).

El sofista y el psicoanalista coinciden en que el referente está perdido. El significante no dice el ser y cobra sentido por su contigüidad con otro significante, fórmula temprana en la enseñanza de Lacan en el seminario IX, cuando el sentido se produce en la sucesión de rasgos unarios.

"Frente a la ontología, la tesis sofística y la tesis lacaniana forman una unidad: el ser es un efecto de decir, 'un hecho dicho'" (Cassin, 2013: 57). Que el significante no diga el ser es una clave para encontrar la intersección temática entre *El Sofista* de Platón, que trata el no-ser, y este momento de la enseñanza de Jacques Lacan en la que se desprende paulatinamente de la cadena significante y se orienta a los nudos.

La carta de a-muro

En su charla en la capilla de Sainte-Anne del 3 de febrero de 1972, Lacan trató la relación de la escritura y el sentido, tema que ya había analizado en su seminario XVIII. E ilustró que el surgimiento de sentido puede partir de una mancha de moho en un muro. Y, también mencionó a las escrituras en los muros y los grafitos. En su elaboración habla de la carta de *a*-muro, jugando con la significación de un neologismo *amur* que condensa *amour* (amor) y *mur* (muro).

Diana Rabinovich, en el ensayo *El Inconsciente,* comentó los antecedentes de la carta de *a*-muro, situando el primer antecedente en "el muro del lenguaje" de los *Escritos* de Lacan. Se ha encontrado esta imagen en *Función y campo de la palabra y del lenguaje en psicoanálisis (1953)*. Lacan usó la expresión "muro del lenguaje" en este escrito al comentar la vulgarización de *Psicopatología de la vida cotidiana* de Freud que había entrado al muro del lenguaje, en el sentido común (Lacan, 1975: 280).

En la segunda oportunidad, al comparar la práctica del psicoanálisis con un *bundling* entre analista y paciente, de modo caricaturesco, aclarando luego que:

> De hecho esa ilusión que nos empuja a buscar la realidad del sujeto más allá del muro del lenguaje es la misma por la cual el sujeto cree que su verdad está en nosotros ya dada, que nosotros la conocemos por adelantado, y es igualmente por eso por lo que está abierto a nuestra intervención objetivante (Lacan, 1975: 296).

Y, la tercera ocasión en la que utilizó en este escrito "el muro del lenguaje" es la siguiente:

> Henos aquí pues al pie del muro, al pie del muro del lenguaje. Estamos allí donde nos corresponde, es decir del mismo lado que el paciente, y es por encima de ese muro, que es el mismo para él y para nosotros, como vamos a intentar responder al eco de su palabra (Lacan, 1975: 304).

Lacan también refirió al muro del lenguaje en su clase del 25 de mayo de 1955, al introducir el concepto de gran Otro y al proponer al lenguaje como un orden.

Diana Rabinovich planteó que Lacan dictaba su seminario en Sainte-Anne y escuchaba el eco de su propia voz resonar en los muros de esa capilla, ante lo que jugó con el significante muros debido al lugar en donde hablaba.

Ahora bien, el muro que importa es lo que separa al hombre y a la mujer y es la castración. El amor cumple una función de saltar ese muro, una función de comunicar.

La carta de *a*-muro opera en función de una escritura. La carta es letra de formalización como en lógica o en matemática. Es importante considerar que *lettre* significa en francés letra y carta. "El amor no se habla, se escribe en una carta-letra de a-muro que como tal es contingente. Y entre el hombre y la mujer emerge el *a*-muro como una respuesta al muro de la castración" (Rabinovich, 1992-78).

En la clase del día 09 de febrero de 1972, retomó la carta de *a-muro* para analizar un grafito con el siguiente texto:

Te demando que rechaces lo que te ofrezco porque no es eso

De la articulación de los verbos demandar, ofrecer y rechazar, Lacan contó que recurrió al escudo de armas de los Borromeos, figura clave para esta investigación del concepto de sentido en el seminario XXII que se tratará a continuación.

Con el objeto *a* en la intersección de los nudos, es como Lacan ilustró la economía de un psicoanálisis, en la que el analizante le pide al analista que rechace lo que le ofrece porque no es eso. Lo que el nudo borromeo representa de un modo desprovisto de significaciones es el funcionamiento del deseo articulado en el lenguaje tal como ocurre en los neuróticos. El nudo de sentido detrás del cual se encuentra al objeto *a* constituyó un nuevo modo con el que Lacan representó el concepto de sentido en psicoanálisis, dejando de lado la fracción saussureana que por sí sola no representaba el lenguaje en el neurótico, y cuya última expresión fue el discurso del amo y del inconsciente.

La *bifidité* del Uno

"Lo *Unario*, yo no lo inventé. En 1962 creí poder extraer de Freud el rasgo unario, al traducir de ese modo lo que él denomina *einziger Zug*, la segunda forma de identificación que distingue" (Lacan, 2012: 124). De esta manera, Lacan ingresó en su exposición acerca del Uno y de lo que especificó como el campo de lo Uniano.

Existe una referencia anterior a la del seminario IX, y es la del seminario VI de Lacan, en el que trató el Ser y el Uno, luego de la lectura que hizo de Hamlet. En su clase del 3 de junio de 1959, entonces, aclaró que el Uno no es una noción unívoca.

El cuerpo es una de las formas de lo Uno, y que fue promovido por Freud. Lacan también refirió al Uno de la transferencia, y a su seminario de 1960-1961, preguntándose en dónde surge. En la asociación libre habla el Uno, por lo tanto la asociación libre no es libre. De esta aclaración se deduce que es el Uno el que articula el decir en las neurosis. En las psicosis no existe un Uno que hable en el sujeto.

El *einsiger Zug,* se encuentra esta referencia en la obra de Freud *Psicología de las masas* en el capítulo "La Identificación", y tal como Lacan lo desarrolló en el seminario VIII, no tiene carácter significante, sino de "signo que proviene de la referencia original al Otro en la relación narcisista" (Lacan, 2003: 395).

En el seminario XIX, en marzo de 1972, Lacan propuso tres formas del Uno:

- el Uno plotiniano, totalizante e imaginario;
- el Uno del *einziger Zug,* rasgo unario, cuyo valor de signo anticipa en el seminario VIII, y que proviene del Otro;
- el Uno real como diferencia.

El Uno que trató Lacan ilustra la otra forma clínica que es la neurosis, cuya lógica del sentido es la del discurso el amo y del inconsciente, que muy poco más tarde Lacan relacionó de esta manera en su seminario XXI. En la clase del 12 de febrero de 1974 distinguió la lógica como Ciencia de lo Real del decir verdadero. Lacan articuló su discurso del Amo con el Uno:

El discurso del Amo reposa sobre lo que he llamado S_1. Dicho de otro modo: el mandamiento, el imperativo. El discurso del Amo es eso. Y por un lapso de tiempo. Simplemente porque el Significante existe. Porque S_1, es decir, el Significante 1, no es otra cosa que el hecho de que de Significante hay montones, pero que son todos uno cualquiera. Y sobre esto reposa la existencia del Uno: que hay Significante, y que cada uno no es único, sino que está bien solo, lo que no es completamente lo mismo (Lacan, 12.02.1974, inédito).

El Uno que Lacan puso en elaboración en 1972 es un Uno que no tiene un sentido único, o bien que no es unívoco. Difiere radicalmente del Uno de Spinoza o del Duns Scoto con el que Deleuze produjo su ontología, la univocidad del Ser, ya tratada en este libro. Es preciso situar en qué difiere radicalmente del Uno de Deleuze. Esta distinción es oportuna debido a que en marzo de 1972 apareció en las librerías la novedad del *Anti-edipo,* el libro que escribieron Gilles Deleuze y Félix Guattari, quienes hicieron con la forma clínica de la esquizofrenia un modelo teórico, forma clínica en la que no hay Uno que se repita. Por lo tanto, ante la novedad del *Anti-edipo,* Lacan estaba transmitiendo en sus clases que hay neurosis:

> (…) el Uno no tiene siempre el mismo sentido. Tiene el sentido, por ejemplo de ese Uno del conjunto vacío que, cosa curiosa, agregaría dos a nuestro recuento de elementos; demostraré por qué y a partir de qué. No obstante, ya nos acercamos a algo que, por no partir del Uno como todo, nos muestra que el Uno en su surgimiento no es unívoco (Lacan, 2012: 132).

Cuando Lacan planteó el Uno no hablaba de univocidad, sino de la equivocidad del significante. Esta conjetura se trama con la comparación del Uno con el discurso del amo y del inconsciente que se citó anteriormente, y que entra en la lógica del sentido de Lacan de 1969. Y, la equivocidad es constitutiva de la lógica del sentido de Lacan.

Une petite peinturlure

Lacan produjo distintas definiciones de sentido a lo largo de su enseñanza. Encontramos una definición temprana en su clase del 16 de abril de 1958, en la que dijo que el sentido es un *"un espèce d'affaiblissement dont il s'agit à l'origine"*[1], definición que admite leerse en comparación con la definición que dirá que el sentido suple la imposibilidad de escribir la relación sexual. Este *affaiblissement* puede ser leido como la falla sexual.

Existe otra definición de importante originalidad que es la de su clase del 6 de enero de 1972: *"Le sens est une petite peinturlure rajoutée sur cet objet "a" avec lequel vous avez chacun votre attache particulière".*

Con catorce años de diferencia, Lacan producía distintos modos de definir este concepto huidizo. En el seminario XIX, continúa preguntándose por el concepto de sentido:

> El sentido, ¿de dónde surge? (…) Lo importante por supuesto no es que el significante y el significado se unan, ni que el significado sea lo que nos permite distinguir lo que el significante tiene de específico. Muy por el contrario, lo importante es que, cuando enganchamos algo que puede parecerse a un sentido, el significado de un significante proviene siempre del lugar que el mismo significante ocupa en otro discurso (Lacan, 2012: 75).

---

[1] Traducción de la autora: "un especie de debilitamiento que se agita en el origen".

Esta aclaración de Lacan es pertinente para la objeción de Deleuze que se analizó, ya que esta señaló la falta de relación entre significante y significado en la gran fracción saussureana, lo que leyó como univocidad y metonimia sin límite. Lo que plantea Lacan en este pasaje es que el sentido requiere de otro discurso, por lo tanto el sentido no se representa con una sola fracción: S/s.

L´Etourdit y las negaciones del sentido

El escrito *L´Etourdit* se ubica temporalmente entre los seminarios XIX y XX de Lacan. Aporta una compilación de los distintos momentos de la elaboración de Lacan, ya que transita por la lógica del significante, las fórmulas de la sexuación y la topología.

Allí se encuentra una definición fundamental respecto del cambio que produjo Lacan en su concepción del inconsciente: "Una lengua entre otras no es otra cosa sino la integral de los equívocos que de su historia persisten en ella" (Lacan, 2012: 514). Luego se encontrará que *lalengua* es la fuente de la equivocidad, y el inconsciente es un saber-hacer con ella.

Respecto del concepto de sentido, Lacan postula aquí el *ab-sens, ausentido*, que designa el sexo (Lacan, 2012: 476). Bárbara Cassin ha propuesto considerar el *ausentido* como un agujero en el par sentido/sinsentido, y situar tres negaciones del sentido en Lacan (Cassin, 2013: 139-140):

1) El *non-sens*, *sinsentido*, que forma par con el sentido, y es congruente con el aristotelismo, es decir, con una decisión de dar sentido.

2) Lo *fuera-del-sentido*, característico del hablar por hablar a pura pérdida significante, en lo que hay en los sonidos de la voz y las palabras.

3) El *ausentido*, sería un agujero en la órbita del par sentido-sinsentido.

Si se considera el alto nivel de abstracción del escrito *L´etourdit* y la perspectiva de recopilación de la obra de Lacan por Lacan mismo, el *ab-sens* o *ausentido* es el concepto por el que el sentido pasará a ser un semblante en el seminario XX.

Que no haya escritura de la relación sexual vuelve causa la producción de sentido, lo que hay es una ausencia, un agujero. De este modo Lacan:

(...) comienza a jugar con sus homofonías, y también sus neologismos: pone *ab-sens* jugando con su homofonía *absence* que es ausente. Este "*ab*" quiere decir sin, sin sentido, el *ab-sens du sexe*; hay un contrapunto entonces entre *sens* y *sexe*, donde está el sexo hay una ausencia de sentido (Vegh, 2008: 30).

Lacan deja la Gran fracción saussureana que Deleuze utilizara para postular un inconsciente con univocidad; en 1969, va hacia las fórmulas de la sexuación que ya estaba elaborando, y elegirá los nudos para representar sus conceptos. El sentido como vector entre significantes pasará a ser un semblante.

1972. El sentido sustituye a lo sexual que falta

Este momento preciso de la enseñanza de Lacan es donde el concepto de sentido, como el vector del significante S_1 al S_2, declina y toma el valor de un semblante.

En el seminario XX, Lacan postula la imposiblidad de escribir la relación sexual con sus fórmulas de la sexuación y será allí donde el sentido se vuelva semblante. Se formaliza la declinación del concepto de sentido en su vertiente imaginaria para dar lugar al sentido orientado a lo Real, la versión con la que concluye la enseñanza y la más ilustrativa del fin de análisis.

La invención de *lalengua* cambia la localización de la equivocidad, tal como se ha tratado en la respuesta a la objeción de Deleuze en esta tesis, y es *lalengua* como concepto lo que recupera la preponderancia de lo escrito.

El sentido como semblante

En la clase en la que Lacan presentó las fórmulas de la sexuación, el 13 de marzo de 1973, definió al sentido como un semblante. El semblante es una categoría en psicoanálisis, según planteó Jacques Alain Miller en su clase del 20 de noviembre de 1991, y aclaró que el semblante es lo opuesto de lo real (Miller, 2002: 12).

Si consideramos que existen dos grandes líneas en el concepto de sentido en la enseñanza de Lacan, una que tiene su origen en la retroacción del Otro sobre el sujeto en el *Witz* de Freud, y la segunda que tiene su origen en nombre propio y escritura en el ejemplo de Signorelli en Freud, el sentido que queda como semblante es la primera vertiente mencionada, la que se corresponde con la lógica del sentido de Lacan.

Lacan planteó que el S_2, el saber y el sentido, es más que secundario respecto del S_1, y guardó estricta coherencia con la lógica de los discursos y la lógica del sentido. En la clase siguiente, la del 20 de marzo de 1973, se servirá del discurso analítico para ilustrar que el S_2 está en el lugar de la verdad, e interpelando al Sujeto barrado, se produce S_1, significante del que se resuelve su relación con la verdad. Esta relación de la verdad que tiene un sujeto barrado, es sin-sentido.

De allí, que tal como se planteaba, el S_2 sea más que secundario. La verdad solo puede decirse a medias y el goce es su límite. En esta clase Lacan aclaró que la formalización matemática que escribe el objeto *a* es *contrasentido* (Lacan, 1981: 112).

El psicoanálisis logra que cese de no escribirse el falo, produciendo S_1, siendo el S_1 el significante de goce.

El sentido se sostiene en su concatenación con el S_1, y de la fragilidad del sentido se toma cuenta al manipular la función metafórica en las neurosis. Se comprueba la naturaleza del sentido como semblante por su evanescencia cuando el Otro de la retroacción pone en cuestión la significación. Se ha tratado en el capítulo anterior la función sofística, y el modo Lacan comparó y ubicó la función del analista como la del sofista contemporáneo.

El sentido, en el delirio psicótico, restitutivo, tiene una función rígida y no dúctil como en la neurosis, debido a que no opera el objeto *a* como pérdida, y su alternancia con el S_1. En estos casos el sentido no se desplaza. Se ha tratado el desplazamiento del sentido en el interjuego metáfora y metonimia en el primer eje de esta investigación. Por lo que, se conjetura que el sentido en el delirio psicótico es un semblante que suple el ser de semblante que es el objeto *a*. El delirio solidifica un ser del que el psicótico está privado por su estructura. En las neurosis se trata de un ser en falta, un ser cuyo referente es el objeto *a*.

Se verá de qué manera James Joyce, con su escritura sin-sentido, no solo agujereó al canon de la literatura sino que inventó su modo singular de un sentido en lo real, que no es semblante.

Se concluye que el sentido como semblante es estrictamente el S_2 de los discursos. Las psicosis están fuera de discurso, por lo que es necesario elucidar si el sentido es en estos casos un semblante con la participación de lo real.

En su clase del 13 de marzo de 1973, Lacan afirmará que los neuróticos sueñan con la perversión, porque es el modo de alcanzar a su pareja (Lacan, 1981: 105).

Y, recordó a su escrito *Kant con Sade* para plantear que los numerosos textos del Marqués de Sade ilustran que el amor es imposible, y que "la relación sexual se abisma en el sin-sentido, cosas que en nada disminuyen el interés que debemos tener por el Otro" (Lacan, 1981: 106).

Que lo femenino no tenga escritura en el inconsciente hace que sea imposible escribir la relación sexual entre un hombre y una mujer. Por lo tanto, ante la escritura imposible de la relación sexual, esta se encuentra en un vacío, sin-sentido.

Se puede plantear que lo femenino, carente de significante propio, es lo que mueve la producción de las ficciones. Es allí donde el soñar con perversiones es el recurso neurótico para acceder al *partenaire* portador de ese objeto *a*, vacío sin escritura, lugar de lo femenino imposible de escribirse. De allí que la femineidad sea a inventar, y que las mujeres se encuentren en la tarea de inventarse su propia versión de qué es ser una mujer.

En su clase del 8 de diciembre de 1971 planteó al matrimonio como la ficción que instituye la relación sexual, y al lugar del analista en una actitud de "que se las arreglen como puedan". Esta posición del analista se hace extensiva a la familia.

Televisión: significante distinto de signo

Televisión, de 1973, se constituye en un escrito importante para el concepto de sentido en la época en que Lacan desarrolla *lalengua,* que se convierte en el objeto de la "lingüistería".

Lacan insistió en que el lenguaje es condición del inconsciente, y en la oposición signo-significante.

Ya lo había hecho en el escrito *Del sujeto por fin cuestionado* en *Escritos 1.* Y el 6 de diciembre del 1961, en su seminario IX, diferenció al signo del significante, planteando que del último surge el sujeto. Eran épocas de plena elaboración de lo que se ha llamado en esta investigación su lógica del sentido, el discurso del amo y del inconsciente. La diferencia entre signo y significante, en 1973, es que este último tiene por batería a *lalengua.*

Recordó que al significante lo fundaron los estoicos, al separar sentido de significación, y Freud "(...) dócil a la histérica, pasara a leer los sueños, los lapsus, o incluso los chistes, tal como se descifra un mensaje cifrado" (Lacan, 2012: 540).

Freud descubrió que a todo lo que se sabe se le puede dar un sentido sexual. El síntoma es un nudo de significantes, que hacen cadena con la materia significante, y solo lo real permite desanudarlo. En esta imagen Lacan condensa tres momentos precisos de su producción teórica: la lógica del significante, las fórmulas de la sexuación y los nudos, retomando la persepctiva de *L´etourdit.*

Lalengua es condición de sentido y cada palabra toma de ese lugar una gran variedad de sentidos, de la multiplicidad que se constata en los diccionarios.

El sentido se reduce al no-sentido de la relación sexual. Esta modalidad de definición de sentido es la que también menciona en su seminario XXI, contemporáneo de este texto.

La producción del sentido en el inconsciente y en la vía del significante es goce-sentido (*jouis-sens/jouissance*).

J. Miller encontró que Lacan, en *Televisión*, se alejaba de la lingüística debido a que solo aportaba la distinción significante y significado (Miller, 1998: 309). En la vía del significante el sentido se expresa en su modalidad goce-sentido y es la falla sexual lo que causa la producción de sentido.

El goce fálico como contrapeso del sentido

Se encuentra como uno de los elementos del nudo borromeo al goce fálico en la intersección de lo simbólico y lo real. Se trata de un goce distinto del que ubica en el sentido en la intersección entre imaginario y simbólico.

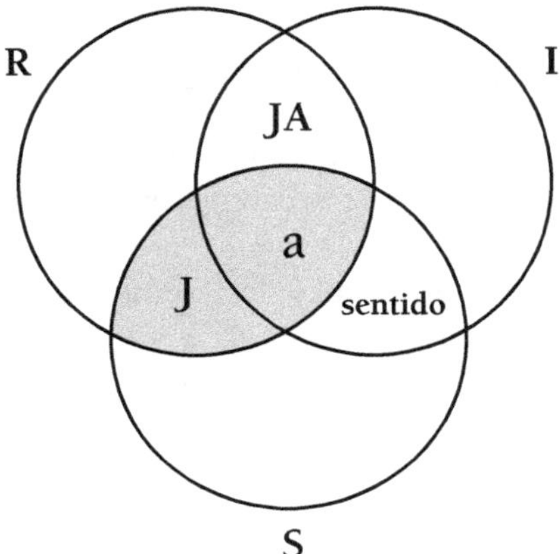

Lacan en la primera clase de su seminario XX, el día 21 de noviembre de 1972, planteó que "el goce, en tanto sexual, es fálico, es decir, no se relaciona con el Otro en cuanto tal" (Lacan, 1989: 17). Es lo que hace obstáculo a que un varón goce del cuerpo de una mujer, porque él goza de su órgano.

Y, retomó la misma cuestión en su seminario XXI en su clase del 21 de mayo y 11 de junio de 1974, en el que precisó que los semas son los que aportan el goce fálico. Es necesario el concepto de *lalengua,* que se desarrollará en el próximo ítem, para vincular a *lalengua* con el goce fálico.

Tanto en uno como en otro estamos en el territorio de la mismidad, del autoerotismo y el aislamiento.

Ahora bien, en *La tercera,* que tuvo lugar en noviembre de 1974, Lacan planteó que es el objeto *a* el que agujerea al goce fálico. Y, lo dirá de esta manera: "(...) lo más asombroso es que ese objeto, el *a,* separa este goce del cuerpo del goce fálico. Para esto tienen que ver cómo está hecho el nudo borromeo" (Lacan, 1988: 90).

En su clase del 17 de diciembre de 1974, en su seminario XXII, Lacan ejemplificó al goce fálico con el pequeño Hans, quien se precipitó en la fobia para dar cuerpo al embarazo que tenía del falo, de ese goce fálico venido a asociarse a su cuerpo.

> (…) el goce fálico se sitúa ahí, en la conjunción de lo simbólico con lo real. Esto en la medida en que, en el sujeto que tiene su soporte en el *parlêtre*, que es eso que designo como el inconsciente, está el poder de conjugar la palabra con cierto goce, ese llamado fálico, que se experimenta como parasitario, debido a la palabra misma, *parlêtre*.
>
> Inscribo, pues, aquí el goce fálico como contrapeso a lo que ocurre con el sentido (Lacan, 2006: 56).

La diferencia esencial entre el sentido y el goce fálico, ambos son modos de goce, es que el sentido posibilita analizarse. La oferta de sentido en la que se inicia un análisis permite producir luego, por la vía de la reducción, los S_1 que tendrán el estatuto de desechos. El síntoma tiene un sentido en lo real. "El síntoma es la irrupción de esa anomalía en que consiste el goce fálico, en la medida en que en él se explaya, se despliega a sus anchas, aquella falta fundamental que califico como no relación sexual" (Lacan, 1988: 104).

Lacan comentó luego que es porque el analista interviene en el significante es que el síntoma puede retroceder en algo. Esto plantea cuál es el horizonte de los efectos del análisis, y se trata de hacer del síntoma un significante que produzca sentidos, para luego interviniendo en la función metafórica, producir efecto de sentido real, y que el sujeto se identifique en el fin de análisis a su síntoma. Esto tiene la ventaja para el analizado de que tendrá mayor margen de acción conociendo cómo goza, que antes del análisis, padeciendo a su síntoma como "un extranjero en el yo" tal como lo llamara Freud.

Lalengua: antecedentes en progresión

En su clase del 4 de noviembre de 1971 acuñó este neologismo producto de un desliz del decir, cuando iba a pronunciar *Lalande*, el diccionario. Y fue precisamente así: "*lalangue*, comme je l´ecrits maintenant – j´ai pas de tableau noir... ben, écrivez *lalangue* en un seul mot"[2].

A partir de allí Lacan fue elaborando el concepto que cambió el modo de concebir el inconsciente freudiano y su localización.

Lalengua es un concepto fundamental de esta investigación, debido a que se encontró que es la respuesta cabal a la objeción de Deleuze a "una tesis de Lacan". Se ha propuesto que la objeción de Deleuze de 1969, a la que Lacan pidió analizar, es uno de los antecedentes de *lalengua*. Es oportuno analizar

---

[2] "*lalengua*, como la escribo ahora – no tengo el pizarrón negro… escriban *lalengua* en una sola palabra". Traducción de la autora.

otros antecedentes de la *lalengua*, lo que se hará a continuación, en la forma de una progresión temporal:

1956

El 16 de mayo de 1956, en su conferencia *Freud en el siglo,* Lacan sintetizó la búsqueda freudiana en una pregunta:

> ¿cómo ese sistema del significante sin el cual no hay encarnación posible, ni de la verdad, ni de la justicia, cómo ese logos literal puede tener influencia sobre un animal que ni sabe qué hacer con él, ni puede curarse de él? (Lacan, 1984: 349).

Este "**logos literal**" guarda un isomorfismo conceptual con lo que sería *lalengua* dos décadas después (Vassallo, 2011: s/e). Un logos literal es un logos que no se presta a la metonimia, no se produce en la cadena significante, y es posible considerarlo como signo, previo al inconsciente como cadena.

1957

En el seminario V, *Las formaciones del inconsciente*, Lacan se preguntó por la fuente del placer del chiste. Y planteó que para Freud tenía dos caras: "(...) encontramos aquí el carácter primitivo del significante con respecto al sentido, la esencial polivalencia y la función creadora que tiene con respecto a él, el acento arbitrario que aporta al sentido. La otra cara es la cara de inconsciente" (Lacan, 1999: 89).

Y, remitió a la metáfora y a la metonimia. Previamente, en esa misma clase del 4 de diciembre de 1957, refirió al juego infantil con el significante en la adquisición del lenguaje.

Esa escena, en la que el niño goza jugando con su jerga primitiva, incluye a su cuerpo. Es la *lalengua* encarnada, en su condición de real, lo que motoriza ese juego. En ese momento, Lacan optó por seguir elaborando el concepto de demanda y gran Otro, que cambiará radicalmente de naturaleza a la altura de su seminario XVI, *De un Otro al otro*. El goce de *lalengua* representado por el niño que juega con la jerga primitiva retornó en Lacan a partir del seminario XVIII cuando vuelve sobre lo escrito con sentido en lo real.

1961

La característica de aluvional ya apareció en el Otro como *dépotoir*[3] de los representantes representativos de la suposición de saber, tal como Lacan lo

---

[3] En español se traduce como "vertedero o lugar donde se vierten los residuos"

describió el 15.11.1961 en su seminario IX. Esta es una descripción de gran similitud con el enjambre de S_1 que trató en su seminario XX. En esta imagen del Gran Otro como *dépotoir* se desprende que hacia 1961 el Otro contenía dentro de sí una colección de representantes representativos semejantes al enjambre de S_1 de *lalengua*.

1964

Otro antecedente conceptual se encuentra en el escrito *Posición del inconsciente*, donde Lacan señaló que "El inconsciente, es un concepto forjado sobre el rastro de lo que opera para constituir al sujeto" (Lacan, 1975: 809). El inconsciente que describió Freud está sobre un rastro que luego será *lalengua*.

1969

En la característica de aluvional reaparece ese "caballo de Troya monstruoso" cuyo vientre está lleno de S_2, un Gran Otro significante en cuyo interior se alojan significantes. En este caso no son S_1 sino S_2. Esta imagen se encuentra en su clase del 17.12.1969 (Lacan, 1992: 33).

En el Otro se hallaba escondido una colección de significantes. Es importante destacar que estas colecciones de significantes tienen otro estatuo que *lalengua*, debido a que esta última es primera respecto de ellos.

En estos dos ejemplos es notable como se anticipaba lo que luego Lacan escribió como *lalengua* misma:

$$S_1 \ (S_1 \ (S_1 \ (S_1 \longrightarrow S_2)))$$

1970

En *Radiofonía* se encuentra: "Esta materialización intransitiva, diremos, del significante al significado es lo que se llama el inconsciente, que no es anclaje sino depósito, aluvión del lenguaje" (Lacan, 2012: 440).

Al definir al inconsciente como depósito y aluvión del lenguaje, se repiten las imágenes de *dépotoir* y el "vientre del caballo de Troya". Esta característica de aluvional lo adoptará *lalengua*.

Tanto en el *dépotoir* de 1961 como en el "vientre del caballo de Troya" de 1969 hay equivocidad, y este es el elemento crucial del argumento que se ha tratado como respuesta a la objeción de Deleuze.

Diana Rabinovich analizó la condición lógica de *lalengua* en el ensayo *Lo real de lalengua y mujer* (Rabinovich, 1986: 82-99). Allí postula una continuidad que va de los discursos a las fórmulas de la sexuación en tanto Lacan aspiraba al matema. Analizó la revisión de metáfora y metonimia que Lacan hizo en *Radiofonía*, 1970, en la que Lacan introdujo al inconsciente como depósito, en virtud de las condensaciones que produce la metáfora y la metonimia, es giro o transferencia de goce, también en *lalengua*.

"El lenguaje funciona desde el origen en suplencia del goce sexual, ordenando de este modo la intrusión del goce en la repetición corporal. Lalengua, al igual que mujer, se funda en la inexistencia de su universal" (Rabinovich, 1986: 86). Tanto *lalengua* como mujer son conjuntos abiertos y comparten el no-todo.

En noviembre de 1974, Jacques-Alain Miller intervino en el Congreso de la Escuela Freudiana, y su conferencia fue publicada con el título de *Teoría de lalengua (Rudimentos)* (Miller, 1987: 59-78).

En ella comentó y desarrolló el concepto de *lalengua* que tenía solo tres años de fundado por Lacan. Lo distinguió del inconsciente y del lenguaje, recordando que Lacan fue claro al respecto y que el lenguaje es segundo respecto de *lalengua*, como también lo es el inconsciente llamado freudiano.

Leibniz y Frege son filósofos que se han pronunciado sobre la imperfección de la lengua. La teoría de la lengua se basa en la tesis de Saussure que planteó que en la lengua solo hay diferencias.

Los *Elementos* de Euclides son un modo de representar al fragmentación. Y, también, refirió a Tarski y a Cantor con la multiplicidad inconsistente.

Luego de construir esta progresión de antecedentes del concepto de *lalengua*, se propone incluir también a la objeción de Deleuze en calidad de antecedente filosófico, debido a que la recepción de Lacan de *Lógica del sentido*, y su señalamiento del 12 de marzo y 19 de marzo de 1969, dejó abierto el análisis en detalle y se encontró en *lalengua*, concepto creado a partir 1971, la respuesta cabal a esa objeción, debido a que esclarece dónde se localiza la fuente de la equivocidad.

Acerca del concepto *lalengua*

Lalengua son los restos aluvionales, marcas en el cuerpo de lo oído tempranamente, y produce goce. Nació en la frontera sensible entre la verdad y el saber, tal como lo anunció su autor.

Para caracterizarla es preciso aclarar que *lalengua* no se dirige a un Otro y es el S_1 tomado separado del S_2. Como planteara Jean Claude Milner, *lalengua* es nudo (Milner, 1999: 39).

En la clase del 26 de junio de 1973, Lacan precisó: "El Uno encarnado en *lalengua* es algo que queda indeciso entre el fonema, la palabra, la frase, y aún el pensamiento todo. Eso es lo que está en juego en lo que yo llamo significante-amo. Es el significante Uno" (Lacan, 1981: 173).

Lacan aclaró que él había dicho que el inconsciente está estructurado como un lenguaje y no que el inconsciente estuviera estructurado como *lalengua*.

En la última clase de Lacan de su seminario XX, se esclarece la relación de *lalengua* con el inconsciente:

> El lenguaje sin duda está hecho de lalengua. Es una elucubración de saber sobre lalengua. Pero el inconsciente es un saber, una habilidad, un *savoir-faire* con lalengua. Y lo que se sabe hacer con lalengua rebasa con mucho aquello de que puede darse cuenta en nombre del lenguaje (Lacan, 1981: 167).

Al respecto, en su seminario *La fuga del sentido*, J. Miller amplía las precisiones de Lacan:

> El lenguaje aparece como una reducción de lalengua, que de este modo pasa al escrito, por la gramática, por el léxico, por el ordenamiento de vocablos, por el diccionario, es decir, por una elucubración de saber sobre la materia significante sonora fundamental (Miller, 2012: 116).

En su seminario *La fuga del sentido*, Jacques-Alain Miller se refirió a *lalengua* en distintas ocasiones. En la clase del 20 de diciembre de 1995, situó la diferencia entre *lalengua* en Lacan y la lengua de Saussure. *Lalengua* de Lacan es "ana o hipogramática", llena de ecos, de inanidades sonoras, de aliteraciones. En tanto la lengua del *Curso* de Saussure es un objeto constituido, límpido y sincrónico. Allí J. Miller planteó que:

> Lalengua en una sola palabra es aquello a partir de lo cual se hará lenguaje por la escritura, (...) se encuentra íntegramente sujeta al equívoco. Es definible por los equívocos que permite. (...) una lalengua, no es nada más "que la integral de equívocos que su historia dejó persistir (Miller, 2012: 131).

> Debido a que la equivocidad se produce (...) lalengua no es un objeto recortado en la sincronía. Tiene me parece, una dimensión que es irremediablemente diacrónica, pues es esencialmente aluvional. Está hecha de aluviones, de aluviones que se acumulan de los malentendidos de cada uno y de las creaciones lenguajeras de cada uno (Miller, 2012: 147).

Hay una relación de *lalengua* con el cuerpo, que Lacan especificó en su clase del 11 de junio de 1974, ya que *lalengua* proviene de la animación del goce del cuerpo y guarda una relación con el goce fálico como la que tienen las ramas con el árbol.

Jacques Alain Miller planteó que "Con *lalengua* pasamos por debajo de la norma social. Lacan introduce la palabra después de mayo del 68, cuando el movimiento social hubo acentuado el carácter de semblante de las normas sociales" (Miller, 2003: 287).

Eric Laurent precisó que los discursos de Lacan tuvieron un efecto de ordenamiento en las líneas de fuga que se producían en la época[4].

El contexto social de la aparición de *lalengua* no excluye la interlocución de Lacan con los filósofos de su época, y uno de ellos es Gilles Deleuze.

En Roma, en noviembre de 1974, Jacques-Alain Miller expuso una *Teoría de lalengua* en presencia de Lacan, en el Congreso de la Escuela Freudiana. En ella indicó los antecedentes filosóficos. Concluyó su alocución analizando la naturaleza del discurso analítico y su relación con *lalengua* de esta manera:

> (...) lalengua como tal no tiene referencia. Es por eso que cada discurso fundamental le inventa una. Es su semblante puesto en el lugar del agente. Pero no es para cada una más que otro modo de hacerla faltar. El psicoanálisis mismo no es ciertamente ese discurso que no fuese semblante. Él también toma su punto de partida de un semblante, el objeto a. Como todo discurso el psicoanálisis es un artificio. Es un cierto modo de abordar lalengua. Su privilegio, el del psicoanálisis, tal como lo define Lacan, es el de ser ese rodeo que tiene por vocación hacer desfallecer los semblantes (Miller, 1987: 78).

En esta precisión que hace Jacques Alain Miller se encuentran distintos conceptos afluentes que se trataron en la construcción del concepto de sentido en la enseñanza de Lacan.

En el seminario XIV, el objeto *a* es la primera referencia, *Bedeutung*, a la que se dirige un Significante. En este caso el S_1 solo es *lalengua* debido a que no tiene referente, el objeto *a* es una ausencia de referente, un agujero. El semblante puesto en el lugar del agente es el S_1, en el discurso del amo y del inconsciente. Por lo tanto, este último es el discurso que como semblante, pone a *lalengua* a producir sentidos en una articulación, en el vector superior S_1-S_2. Siendo su producto el objeto *a*, la falta misma, un semblante. Entonces el inconsciente, descripto en el matema del discurso del amo, es no solo una lucubración de saber acerca de *lalengua*, sino su aparato de articulación con estructura de lenguaje.

---

[4] Entrevista para esta investigación realizada el 26.04.2012

Pone al sentido producido por *lalangue* bajo la forma de una producción de saber, escrito en el vector S_1- S_2. El discurso analítico revierte este proceso, y al impedir la producción de sentido vuelve a *lalangue:*

> (…) en la medida en que en el análisis circunscribimos ese punto real que escapa a la producción de sentido y a la producción de una historia, nos acercamos a las psicosis, porque nos aproxima a la producción de un S_1 que no se enlaza a la producción de la cadena significante (Tendlarz, 2009: 127).

Respecto de la vocación de hacer desfallecer los semblantes, el efecto de sentido real que al impedir la producción de sentido, y la producción de S_1 vacíos, silentes, denuncia la naturaleza del semblante, su imposibilidad de un referente logrado.

En *Los signos del goce,* en la clase del 13 de mayo de 1987, explicó que Lacan agrega al campo del lenguaje el estatuto de *lalengua* porque se dio cuenta de que la palabra no se dirige al Otro, y cita una frase de Lacan que dice que "lalengua sirve para otras cosas muy diferentes de la comunicación". A partir del seminario XX se afirmará que *lalengua* como goce se ubica más acá del lenguaje. A partir de ese momento, Lacan pasa de la problemática del Otro a la problemática del Uno.

Parlêtre

Parlêtre es la palabra con la que Lacan condensó el hablar (*parler*) y el ser (*être*). Los *parlêtres* se soportan en la imposibilidad de escribir la relación sexual. El "hablanteser" se da un ser hablando, produce sentido con el que se inscribe la falta en ser.

Lacan creó el término *parlêtre* en el momento en que privilegiaba el sentido en lo real a través de lo escrito a partir de la introducción del nudo borromeo.

El *parlêtre* de Lacan condensa lo que ya se encuentra con anterioridad y es que el único modo de darse un ser es hablando. El concepto de *parlêtre* no es ontológico, sigue siendo crítico respecto de la ontología como el 29 de enero de 1964:

> Podríamos decir que la hiancia del inconsciente, podríamos llamarla *preontológica*. Insistí sobre el carácter demasiado olvidado -olvidado de una manera que no deja de ser significativa- de la primera emergencia del inconsciente, que consiste en no prestarse a la ontología. En efecto, lo primero que se le hizo patente a Freud, a los descubridores, a los que dieron los primeros pasos, lo que

se hace patente aún a cualquiera que en el análisis acomode su mirada un rato a lo que pertenece propiamente al orden del inconsciente, es que no es ni ser, ni no ser, es no-realizado (Lacan, 1987: 38).

La hiancia del inconsciente evidencia lo real. Lo real no se presta al sentido. El *parlêtre* goza al darse un ser hablando, y esta condición es adversa a la ontología filosófica.

En esta investigación se encontró que la ontología de Deleuze, la univocidad del ser, resultó ser el concepto nuclear en el que se fundamentó su objeción a "la tesis de Lacan". Que el ser se diga en un mismo y solo sentido no es sostenible en el psicoanálisis, y el *parlêtre* es un concepto específico con el que se puede argumentar una crítica del psicoanálisis a la ontología deleuziana. El *pârletre* se ubica en correspondencia con el inconsciente freudiano, también al discurso del amo y del inconsciente donde el sentido se produce en la cadena significante.

En la clase del 15 de febrero de 1977, Lacan en un juego de palabras afirmó que el ser es una parte del *parlêtre* que está hecho únicamente de lo que habla. Y, lo que habla nunca dice la verdad, ya que la verdad está en lo Real, que es mudo. En tanto lo Simbólico habla mucho y dice mentiras.

Si el ser está hecho de lo que habla, es sentido en la cadena significante y es goce-sentido. Por lo que la ontología, sostenida en dichos soportados por lo Simbólico, no alcanza la verdad.

Jacques Alain Miller construyó una secuencia en la que Lacan reemplazó al concepto de sujeto por el de *parlêtre* y a este por el *sinthome*, al que consideró el sustituto del concepto de sujeto en el último período de la enseñanza de Lacan (Miller, 2011: 161).

El concepto de *parlêtre* es otro de los recursos de Lacan para privilegiar lo Real por sobre lo Simbólico, y es posible leerlo como homólogo a la posición del sofista.

B. Cassin interpreta que Lacan religa a Aristóteles con Freud, y desconecta a la logología del inconsciente con el término *parlêtre*, que sustituye al inconsciente. Esto se vincula al principio de no-contradicción de la *Metafísica* de Aristóteles que es un "tapagujeros del lenguaje", en un lenguaje embragado en lo real, cuyo principio fundamental es que no hay relación sexual (Cassin, 2013: 93). El inconsciente habla y goza del sentido, y Lacan señaló que Aristóteles fue un *parlêtre* en su *Metafísica*.

1973. El sentido como intersección

El seminario XXII, *R.S.I.*, tuvo por objeto situar la cuestión del sentido, tal como Lacan lo expresó en su clase del 11 de marzo de 1975.

Se constata que Lacan se ocupó de este concepto de modo recurrente, tal como se ha construido a lo largo de esta investigación. Fue en este seminario donde Lacan fue muy enfático en su decisión de definirlo, y llevó a su máxima expresión el nudo borromeo ya que en él ubica al sentido entre imaginario y simbólico, ubicando al goce fálico como su contrapeso, cuya intermediación ejerce el objeto *a*.

Nombre-s del padre y nominación

La nominación fue un concepto que insistió en la enseñanza de Jacques Lacan y del que ubicamos estos distintos momentos:

- el olvido de nombres propios en el seminario V
- la polémica entre Russell y Gardiner, de la que Lacan se declaró relacionando el nombre propio con la escritura, y cuyo antecedente ubicamos en el *rebús* que utilizó Sigmund Freud
- el nombre propio en el seminario XII, en la que trata la relación entre nominación y nombre propio recurriendo al *Cratilo* de Platón
- y las nominaciones imaginaria, simbólica y real que ubicó en la última clase del seminario XXII

El poder creador de la palabra fue señalado por Lacan muy tempranamente, y nombrar un objeto o elegir el nombre de una persona tiene el valor de un acto.

La nominación no es solo un problema tal como lo trata la filosofía analítica o la lógica, sino que tiene incidencias clínicas, y toca el aspecto diagnóstico, y la constitución del síntoma tal como establece hacia el seminario XXIII.

Tal como se trató en el *Cratilo*, diálogo de Platón al que Lacan refirió en distintos momentos para ilustrar el estatuto del *lekton*, existe la presunción de que el nombre asignado a una cosa es arbitrario. En el nombre propio, y considerando la clínica psicoanalítica, Lacan ha planteado que el nombre propio de un sujeto en análisis guarda un sentido singular.

A partir de 1970 Lacan se orientó a la escritura y lo real, y el nombre propio conserva una relación con lo escrito, tal como Freud lo señala en *El olvido de los nombres propios*.

Por otro lado, se tiene la vertiente del nombre-del-padre que Lacan acuñó tempranamente como el padre simbólico, en el historial del Hombre de los Lobos.

Es el Nombre-del-padre el que sostiene la estructura del deseo con la de la ley, tal como se encuentra en su clase del 29.01.1964.

El 15 de abril de 1975, Lacan caracterizó a la interdicción del incesto como estructural debido a que interviene el registro Simbólico. La interdicción es un agujero en lo Simbólico. Lacan vio necesario que lo simbólico apareciera individualizado en un nudo y ese nudo es lo que Lacan llamó Nombre del Padre en lugar de Complejo de Edipo. El padre tiene una función de nombrante.

Es oportuno agregar que el padre nombra el deseo de la madre y ese acto de nombrar tiene efectos de estructura.

En el seminario XXIII el nombre-del-padre es el cuarto nudo que tomará el valor de *sinhtome*.

La nominación tiene en psicoanálisis una función ordenadora y por la vía de la escritura se dirige a lo real. En el seminario XXIII, se constituye en el cuarto nudo al que Lacan llamó *sinthome*, y es heredero del nombre-del-padre y del complejo de Edipo.

Por lo tanto, el *sinthome* logra la abstracción mayor que deja al "complejo de Edipo" como significante freudiano. Lacan reemplazó la escritura de la metáfora paterna en fracción saussureana por la escritura de nudos.

El efecto de sentido exigible al discurso analítico es real

El 22 de febrero de 1975, Lacan volvía de un viaje a Londres y comenzó su clase hablando de lo inglés, de la reina Victoria, de las mujeres en situaciones de poder. Pero, su tema crucial fue cambiar la perspectiva de lo que es el efecto de sentido.

Planteó que el efecto de sentido exigible del discurso analítico es real. Lacan ubicó a este efecto de sentido del discurso analítico en la intersección entre simbólico e imaginario.

Lo imaginario es la consistencia, y es para el *parlêtre* lo que se fabrica y se inventa.

En el análisis se trata solamente de dar cuenta de lo que ex-siste como interpretación.

¿Cómo puede hacerse para que ex-sista una construcción de la que es preciso que la consistencia no sea imaginaria? Hay que recurrir a la figura del toro, a un agujero cuya función es despegar el pensamiento que aplana.

En esta clase Lacan emparenta al nombre-del-padre con la realidad psíquica en Freud, que enlaza Simbólico, Imaginario y Real.

Refiriendo a la interpretación como perturbación, Jacques Alain Miller se preguntó en su clase del 27.01.1999:

> Lacan intentó elaborar esta interpretación cuando habló de efecto de sentido real, de cómo sacar lo simbólico del semblante y cómo, operando a partir de lo simbólico, alcanzar lo real, cuya definición más extrema, sin embargo, es que no tiene sentido, que es distinto que el sentido.
>
> ¿De qué mutación de sentido hay que hacerse agente para que el sentido pueda incidir en una dimensión – si lo real es una dimensión- que lo ignora? Este es el tipo de paradoja que Lacan elaboró de manera antinómica como atolladero, y es también la vía que indicó al hablar de sentido gozado (Miller, 1997: 135).

El modo de operar desde lo simbólico y alcanzar lo real es por la vía del síntoma, que también está hecho de real y de simbólico.

En la clínica cuando se constata la no-función del objeto *a*, por ejemplo en los fenómenos de lenguaje en las psicosis, el recurso para la estabilización es producir un modo de mantener al sujeto amparado de lo real en la invención de un recurso en lo simbólico. El psicótico suele servirse espontáneamente de la escritura que produce un efecto de vaciamiento, alivio y de orden. Se constata en estos casos que la palabra escrita tiene una función ordenadora, tiene efecto en lo real.

He aquí un modo de intervención en lo real a través de lo simbólico, en una estructura neurótica, Miller recordó un ejemplo de efecto de sentido real en un testimonio de pase:

> (...) ella estaba en un largo pasillo oscuro después de la sesión y mientras se iba, se vio llevada a darse vuelta porque el analista le dirigía un mensaje que, tal como lo describe, estaba hecho de una suerte de pantomima de devoración acompañada de un vago gruñido, algo como un ¡Grrr...! que en el momento oportuno, aporta el cuerpo, la figura. (...) No se puede aportar la pulsión oral o la pulsión anal, pero sí las pulsiones específicamente lacanianas, que son la escópica y la invocante (Miller, 1997: 136).

Eric Laurent, en su clase del 10 de marzo de 1999, menciona nuevamente el problema del efecto de sentido real diciendo:

> ¿Cómo explicar que con el efecto de sentido se produzca algo real? Hay que distinguir el registro de la alienación, por el cual un sujeto se inscribe en el Otro y donde los efectos de sentido se producen por la identificación primera; y la separación, en la que sitúa el lugar del goce, que marca el sitio del objeto perdido a través de los efectos de sentido (Laurent, 1997: 189).

En esta precisión clínica de Eric Laurent, surge nuevamente el Otro como el lugar en donde se produce el sentido. Esta función del objeto *a* como lo que separa es la función que el analista encarna en el discurso analítico. La función del objeto *a* produciendo la separación está en el seminario XI de Lacan: "El sujeto, por la función del objeto *a*, se separa, deja de estar ligado a la vacilación del ser, al sentido que constituye lo esencial de la alienación" (Lacan, 1973: 265).

C. Soler también trató este concepto en el marco de las variables del fin de análisis:

> Un efecto de sentido real. ¿qué quiere decir esto? Un efecto de sentido que escaparía a lo sin garantía de la creencia de sentido: es de esta manera que él se plantea una pregunta sobre la interpretación misma, cuando dice: "en la interpretación, ¿qué es lo eficaz?"¿Es el efecto de sentido producido o enunciado, o es que el efecto de sentido es jaculatorio? Lo que quiere decir: ¿es el efecto de sentido o el hecho que él haya sido dicho? Es otro registro, es el registro del decir. No desarrollo estos problemas, pero en todo caso ellos se insertan muy precisamente sobre el tema de lo sin garantía del sentido que huye" (Soler, 1995: 113).

En las tres versiones citadas aquí, la de Miller recordando una intervención en lo real, en Laurent acerca de la demarcación por los efectos de sentido del objeto *a*, y luego en Soler el registro del decir, planteamos que es el efecto de sentido real en el transcurso de un análisis el paradigma de lo que será la conclusión del tratamiento.

El discurso del analista tiene efecto de sentido real y lo real es su horizonte. El sentido es una herramienta de la cura y en el fin de análisis se producirá su reducción mayor, o deflación, tal como plantea Soler.

El síntoma se alimenta de sentido

Los nudos le permitieron a Lacan localizar de modo preciso el concepto de sentido, en la intersección entre simbólico e imaginario.

La interpretación psicoanalítica en Lacan apuntó a separar el S_1 del S_2. En el modelo de la cadena significante, lo que se ha llamado en esta tesis su lógica del sentido, el analista opera reduciendo, cortando y separando, para la producción de S_1 sin-sentido.

La relación entre el concepto de sentido y el registro imaginario, en su clase del 13 de noviembre de 1973 Lacan afirmó que lo imaginario es lo que detiene el desciframiento, es el sentido. Lo imaginario hace obstáculo a lo real y al desciframiento por vía de lo simbólico.

De allí que, contando ya con el concepto de *lalengua* como fuente de equivocidad, la interpretación por el equívoco será el modo de tratar el síntoma.

El síntoma a descifrar, el síntoma que oculta significaciones ocultas es un modelo que tiende a producir más y más significaciones-sentido.

Lacan utilizó la metáfora del pez para señalar la relación entre el síntoma y el sentido en *La tercera*:

> Llamo síntoma a lo que viene de lo real. Esto significa que se presenta como un pececito cuya boca voraz sólo se cierra si le dan de comer sentido: o con eso prolifera (…) o revienta. (…) El sentido del síntoma no es aquél con que se lo nutre para su proliferación o su extinción, el sentido del síntoma es lo real, lo real en tanto se pone en cruz para impedir que las cosas anden, que anden en el sentido de dar cuenta de sí mismas de manera satisfactoria, satisfactoria para el amo(…) (Lacan, 1974: 84).

De esta aclaración de Lacan se obtiene que el sentido del síntoma es real. El síntoma tiene orientación en lo real, y es por esa razón que porta un elemento inanalizable, lo que era en el concepto de fantasma su signifcación cerrada o congelada.

El síntoma "se pone en cruz" e impide que las cosas puedan "dar cuenta de sí mismas de manera satisfactoria", es decir que el síntoma interrumpe la producción de sentido maquínica en el inconsciente, de ese modo el síntoma se vuelve un "extranjero en el yo", en la versión freudiana, y divide al sujeto. Es lo real mismo que anida en el síntoma lo que produce ese efecto de sin-sentido.

El síntoma es un modo de tratamiento de lo real por el sujeto mismo.

Jacques Lacan enfatizó en *La tercera* que "Nuestra interpretación debe apuntar a lo esencial que hay en el juego de palabras para no ser la que nutre al síntoma de sentido" (Lacan, 1994).

Lo esencial que hay en el juego de palabras, la intervención que desarma el sentido, tiene por modelo lo que se trató en esta tesis el "matema del chiste" que Miller formalizó reproduciendo el piso inferior del discurso del analista.

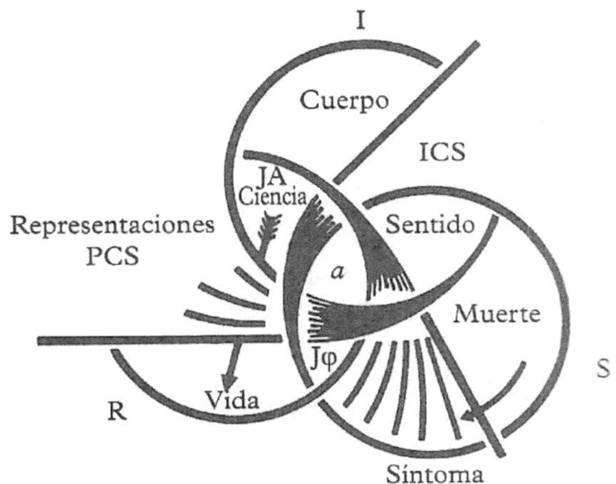

Como se encuentra en el nudo borromeo tal como fue elaborado en *La tercera*, tanto el sentido como el síntoma están formados por el registro Simbólico, es el objeto *a* el punto de intersección que permite que el psicoanalista opere, la vía por la que es necesario desviar la producción de sentido y orientarse a lo Real.

1975. El Otro de lo Real

La referencia de Lacan a James Joyce comenzó claramente en el seminario XVIII, cuando en su clase del 12 de mayo de 1971 citó el equívoco de *letter* a *litter*.

En el seminario XX, *Encore*, trató el perfeccionamiento del lenguaje en el juego de la escritura. El dedicarle un seminario entero a la escritura de James Joyce es solidario de su temprana afirmación de que el psicoanalista no debe retroceder ante la psicosis. Si Freud leyó los escritos de Scheber, Lacan también hizo lo propio con los escritos de James Joyce. En el caso de Schreber se trataba de un delirio, en el caso de Joyce una subversión del lenguaje que trastocó a la literatura universal, una escritura sin Otro, con sentido en lo Real, que sin intención de ser comprendida, ha tenido y tiene innumerables lectores, que tal como señaló Lacan fue puerta de entrada al mundo académico.

El sentido y el cuerpo

El sentido es la copulación del lenguaje con nuestro propio cuerpo. Esta es una definición del concepto de sentido que dio Lacan el 16 de marzo de 1976, en su seminario XXIII, *El sinthome*.

En este momento de la construcción del concepto, se puede comparar esta definición con la primera que se obtuvo en esta búsqueda, en la primera clase del primer seminario de Lacan: el sentido tiene densidad psicológica concreta. Se conjeturó que este oxímoron era semejante al concepto de pulsión de Freud: el representante de lo somático en lo psíquico.

Y, el concepto de sentido que se obtiene en el discurso del amo y del inconsciente, de 1969, también incluye al cuerpo en la valencia que adquiere el objeto *a* luego de su cambio en el seminario XVI, *De un Otro al otro*, en un momento en que el Otro es el cuerpo.

Se produce sentido de S_1 a S_2, con un efecto de sujeto barrado, y el producto que es el objeto *a*. Este objeto *a* es plus-de-gozar, y pérdida de goce, no sin el cuerpo. Es el objeto *a*, en una lógica del sentido lacaniana, lo que incluye al cuerpo.

Tal como planteó Lacan en la clase del 28 de marzo de 1962, la primera identificación es una incorporación. Es el modo en que el significante se encarna. Con la aparición de *lalengua*, que está formada por los restos de lo oído, y que es fuente de equivocidad, es en ella donde radica la relación más próxima del sentido y el cuerpo. Se goza con el cuerpo de los sentidos engendrados en *lalengua*

J´ouïs-sens

Lacan definió a lo real, en su clase del 13 de enero de 1976, como decantándose por estar excluido del sentido. El 11 de marzo de 1975 definió a lo Real como el *sens-blanc* o sentido blanco, jugando con la homofonía del carácter de *semblant* del cuerpo.

Si el sentido se producía en la concatenación significante, y era representado como un vector entre S_1 y S_2 hasta 1970, en este momento de la elaboración de Lacan, su definición cambia debido a que del significante pasó al nudo borromeo: "Evidentemente, el sentido proviene de un campo entre lo imaginario y lo simbólico. Sería necesario que lo muestre. Por supuesto, aquí en el centro, *a*, causa del deseo" (Lacan, 2006: 70).

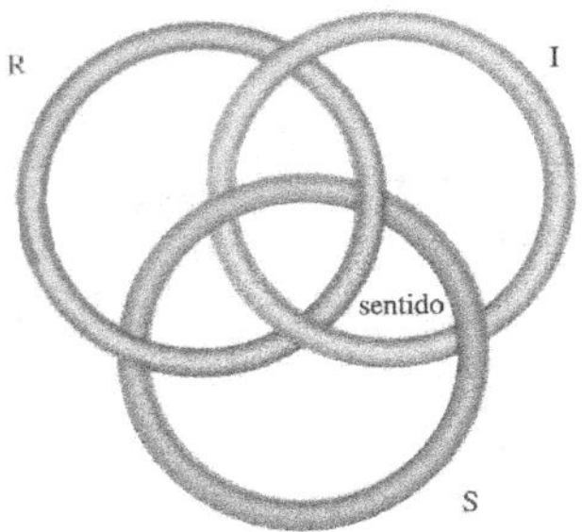

Frente a este modo de representación de los registros y su funcionamiento, Lacan propuso en esa clase, que el analista le enseña a su analizante a hacer un empalme entre su *sinthome* y lo real parásito del goce. "Lo característico de nuestra operación, volver posible este goce, es lo mismo que escribiría *j´ouïs-sens*. Es lo mismo que oír un sentido" (Lacan, 2006: 70).

También asegurará que encontrar un sentido es identificar de qué nudo se trata y unirlo bien gracias a un artificio.

El *j´ouïs-sens* de Lacan en 1976 es la versión situada en el nudo borromeo de la escucha del analista. El objeto *a* ocupa el lugar de la causa, y se sitúa en la intersección de los tres registros.

Equivocidad e interpretación psicoanalítica

En *L´Etorudit* Lacan radicalizó a la equivocidad del inconsciente dándole a la interpretación psicoanalítica por el equívoco las distintas formas de homofonía, gramática y equívocos lógicos. Luego afirmó que lo único que se tiene en contra del síntoma es el equívoco. Esta última modalidad de interpretación psicoanalítica no solo va en contra de la significación, sino que se puede plantear como la práctica en contra de la univocidad, y como se ha visto, el inconsciente filosófico que Deleuze inventó en la trigésimo cuarta serie de *Lógica del sentido*. Hay posibilidad de un *deser*, como se postula el fin de análisis en 1967, porque en lo más primario de cada sujeto se produce solo equivocidad en *lalengua*. La práctica psicoanalítica se dirige a producir un *deser* y no a producir un ser que se dice en un mismo y solo sentido en la versión de Deleuze.

Lacan planteó en *L´etourdit* que la interpretación es sentido y va en contra de la significación. Y en *La Tercera*, 1974, afirma que: "Nuestra interpretación debe apuntar a lo esencial que hay en el juego de palabras para no ser la que nutre al síntoma de sentido" (Lacan, 1988: 94).

La afirmación de Lacan que dice que la interpretación es sentido, refiere a la acepción de sentido distinta de la significación, al modo en que *Sinn* es distinto de *Bedeutung* en Frege. *Sinn* es el sentido que se produce en la concatenación significante. *Bedeutung* es la significación o denotación, con un referente. Que la interpretación sea *Sinn* y que vaya en contra de la *Bedeutung*, admite que la interpretación sea juego de palabras como en el *witz*.

En la clase del 01 de julio de 1959, en su seminario VI, *El deseo y su interpretación*, Lacan señaló que el corte es la interpretación por excelencia. Es el modo en que el analista interrumpe la producción de significación en el habla del paciente, produciendo un vacío, causador de deseo. En el corte encontramos a la interpretación que va en contra de la significación, al interrumpir su producción. El deseo del analista se limita a un vacío, un lugar que se le deja al deseo para que se sitúe en el corte.

En 1964 "El objetivo de la interpretación no es tanto el sentido, sino la reducción de los significantes a su sin-sentido para así encontrar los determinantes de toda la conducta del sujeto" (Lacan, 1973: 219).

También en esta modalidad la interpretación va en contra de la significación, debido a que la significación produce sentido imaginario y el analista opera para la reducción.

El 17 de diciembre de 1969, Lacan dijo que la interpretación es a medias un enigma que el analista no debe completar, un enigma cuya solución no debe darle al paciente. La interpretación bajo el modo de enigma, citando un texto de los dichos del paciente, es un modo de interpretación que no impone una significación al paciente sino que apunta a dividirlo y a causar su deseo. Se puede representar con el piso inferior del discurso del analista:

$$S_2 \, // \, S_1$$

Estos distintos modos en que Lacan definió a la interpretación psicoanalítica, cada uno de ellos en consonancia con su momento teórico, ilustran que para que sea posible el sin-sentido, ir en contra de la significación, o sentido unívoco aristotélico, es requisito que exista *lalengua*, fuente de toda equivocidad y el objeto *a* en función estructural. En síntesis, es necesaria la multivocidad del inconsciente, remitiendo al título que se encuentra el ensayo *Lo inconsciente* de Sigmundo Freud.

La identificación al síntoma con sentido en lo real

El fin de análisis tiene sentido en lo real debido a que la identificación al síntoma, siendo el síntoma lo único que tiene sentido en lo real: "El síntoma es real. Es incluso la única cosa verdaderamente real, es decir que conserva un sentido en lo real. Es por esta razón que el psicoanalista puede, si tiene oportunidad, intervenir simbólicamente para disolverlo en lo real" (Lacan, 15.03.1977).

El sentido en lo real del síntoma es el anclaje que le da inmovilidad y a la vez es el recurso con el que un sujeto cuenta para tratar lo Real. La relación del síntoma y el fantasma es el engranaje que se desmonta en el análisis. Se espera que en el fin de análisis el sujeto acepte su síntoma, ya no como una ajenidad sino como su acompañante, prescindiendo de la ficción del fantasma.

El *savoire-faire* con el síntoma es el modo en que cada sujeto adopta una posición más activa respecto de su modo de goce, dándole una categoría de ser, de allí la identificación, pero es un "ser" nuevo, despojado de imaginario, ya que procede de lo simbólico a lo real, y de este elemento se extrae su semejanza con la solución de Joyce, la de su escritura *sinthome*.

> Identificarse al síntoma es cesar de creer en él, cesar de esperar que diga algo. Dicho de otra manera, es desabonarse del inconsciente, como Joyce, y ya que hemos hablado de la caída de las identificaciones en el curso del análisis, hablemos de una caída de las creencias-es otro tipo de caída del final de análisis: vuelta al sin-sentido, o más bien a una deflación del sentido luego del gran despliegue, la gran búsqueda que es el desarrollo de un análisis (Soler, 1995: 98).

Un sujeto identificado a su síntoma en el fin de análisis se orienta a lo real sirviéndose de lo simbólico luego de una experiencia de análisis, a diferencia del sentido en lo real del pasaje al acto en donde ocurre una *Verleulung* de lo simbólico.

El concepto de sentido en fin de análisis tiene dos destinos. El primero de ellos consiste en que al caer el Otro cae también el sentido metonímico, que es su producto.

El segundo consiste en que si el síntoma conserva un sentido en lo real, y en el fin de análisis se produce una identificación al síntoma, es por la vía de esta identificación en donde el fin de análisis también tendrá un sentido en lo real (Bisso, 2012: 102-103).

Lacan pasó de una lógica del sentido, el discurso del amo y del inconsciente en 1969, al nudo de sentido o nudo borromeo a partir de 1972. No solo representó al sentido en la gran fracción saussureana sino que también pasó a representarlo en los nudos.

El objetivo de construir la progresión del concepto de sentido en Lacan para situar dónde tomó lugar la objeción de Deleuze, muestra que esta ocurrió en el umbral del cambio de la fracción saussureana a los nudos. La objeción de Deleuze leyó la gran fracción saussureana como metonímica y unívoca, versión adversa al psicoanálisis.

A partir de 1971 Lacan dio prioridad a la vertiente de la escritura y el sentido en lo real, distinta del privilegio del significante y la concepción del sentido de vertiente imaginaria. En esta nueva tendencia produjo el concepto de *lalengua*.

La interpretación psicoanalítica por el equívoco para ir en contra del síntoma radicalizó la equivocidad luego de la invención de *lalengua*.

CONCLUSIONES

1. La ontología es la mayor diferencia entre Lacan y Deleuze

De las diferencias conceptuales analizadas entre Lacan y Deleuze se encontró que la ontología es la que presenta mayor grado de abstracción. Luego de analizar la importancia del concepto de univocidad del Ser en Deleuze, su ontología, se concluye que fue el elemento que diferenció radicalmente las elaboraciones de Deleuze del psicoanálisis. Este concepto fue formulado por Deleuze en *Diferencia y repetición* y retomado en *Lógica del sentido*.

Como se aclaró en esta investigación, Lacan tomó posición respecto del Uno diciendo que no es una noción unívoca en su clase del 3 de junio de 1959, tema sobre el que volvió en su clase del 19 de abril de 1972.

La univocidad del Ser es incluida por Deleuze en su objeción a Lacan, y en ella dice apartarse de una tesis de Lacan. Sirviéndose de un señalamiento técnico acerca de cómo puede leerse la gran fracción saussureana S/S, tomó posición con su ontología separándose del psicoanálisis en la última serie, o capítulo, de su libro. De allí en más la interlocución con Lacan se interrumpió.

2. La recepción de Lacan de *Lógica del sentido* como antecedente de *lalengua*

El objetivo general de esta investigación era el de construir la respuesta en los textos de Jacques Lacan a la objeción que planteó Deleuze en su libro *Lógica del sentido,* en 1969, cuando propuso un proceso primario equívoco y un proceso secundario unívoco en el inconsciente. La respuesta se construyó cumpliendo las distintas etapas de análisis previstas:

Se analizó el libro *Lógica del sentido* de Gilles Deleuze y se encontró que la influencia de Lacan en su contenido ha sido la paradoja de Lacan, en la que Deleuze fue elogioso y destacó la lectura del cuento "La carta robada" de Poe, en el que "lo que falta en su lugar" fue comparado con el capítulo "Lana y Agua" de *Alicia tras el espejo,* de Lewis Carroll. La referencia a los estoicos y a Lewis Carroll ya estaba en Lacan hacia 1965, en su seminario XII. El otro elemento que procede de Lacan de modo explícito es la versión que Deleuze elaboró como "el precursor oscuro", que S. Žižek tratara, y que se constituye en una versión del objeto *a*, de carácter imaginario pero no articulada a una lógica del sentido.

También se aislaron en el libro citado cuáles son las significaciones que Deleuze dio a conceptos puntuales tales como: univocidad del Ser, voz y cuasi-causa que forman la objeción, lo que requirió la intertextualidad con *Diferencia y repetición* de 1968. Se encontró que la univocidad del Ser es la ontología de Gilles Deleuze, propia del campo filosófico y no dialectizable con el psicoanálisis, debido a que Lacan, tal como se argumentó, produjo un concepto de Uno bífido en su seminario XIX, y desde su seminario VI, planteó que el Ser y el Uno no se corresponden con la univocidad.

Se formalizaron los componentes de la objeción de Deleuze ubicando en el artículo de Laplanche, J. y Leclaire, S. (1969) "El inconsciente: un estudio psicoanalítico", los elementos con los que argumentó su versión del proceso primario y secundario. Se encontró que Deleuze tomó un elemento del texto citado y lo interpretó introduciendo su ontología, leyendo la gran fracción saussureana como unívoca y metonímica, lo que se analizó diferente de la concepción psicoanalítica de la metonimia que incluye al objeto *a* como causa de sentido.

Se rastreó en la producción teórica de Jacques Lacan las modificaciones que realizó en los conceptos sentido, metáfora y metonimia e inconsciente, hasta la invención de *lalangue.*

En su objeción, Deleuze interpretó univocidad y metonimia en la gran fracción saussureana, lo que se ha tratado en esta tesis y lo que se representó en este análisis de la siguiente manera:

$$\frac{S \rightarrow}{S \rightarrow}$$

Más tarde Lacan produjo el concepto de *lalengua,* caracterizada por los equívocos que produce, que escribió dejando de la lado a la fracción:

$$S_1 \ (S_1 \ (S_1 \ (S_1 \longrightarrow S_2 \ )))$$

En estas dos escrituras que van del significante expresado en fracción al enjambre de S_1 o *lalengua* se evidencia el cambio que Lacan produjo paulatinamente en el término de tres años. La escritura de *lalengua*, al mostrar plurales S_1, no da lugar a conjeturar un sólo sentido o univocidad. Aquí se encuentra una respuesta a la objeción de Deleuze con un nuevo concepto de Lacan. La objeción de Deleuze antecede a *lalengua* no solo temporalmente sino conceptualmente y la distinción equivocidad de univocidad es clave en el problema planteado.

Cuando Lacan incluyó el nudo borromeo en su enseñanza dejó de lado la fracción saussureana y utilizó los nudos para representar los registros Real, Simbólico e Imaginario. Los cambios fueron paulatinos a partir de 1970, y se orientaron a privilegiar el concepto de sentido ligado a la escritura y lo real.

Se construyó el concepto de *lalangue* entre 1971 y 1976 y se demostró que responde al elemento más destacable de la objeción de Deleuze: la localización de lo equívoco está en *lalengua*, una instancia constitutivamente anterior al inconsciente freudiano. El concepto de *lalengua* ya tenía antecedentes en la enseñanza de Lacan, y su progresión fue detallada a partir de 1956.

La lectura de un inconsciente con univocidad que hizo Deleuze en 1969 es otro antecedente de *lalengua* en tanto esta responde cabalmente, a partir de 1971 y desde el psicoanálisis, en tres elementos:

1) resuelve la pregunta tópica por la localización de la fuente de la equivocidad;

2) en cuanto a la formalización, supera la limitación de la fracción saussureana en la que Deleuze conjeturó la univocidad del proceso secundario. Cuando Lacan escribió *lalengua* con una pluralidad de S_1 ilustró la equivocidad;

3) en un recurso argumental, y dialéctico, con la creación de *lalengua* el inconsciente pasó a ser un concepto de subsidiario de aquella y la objeción de Deleuze, por aplicar al inconsciente, adopta necesariamente esa misma jerarquía.

3. Singularidad en Deleuze o sujeto en Lacan

Deleuze fue un filósofo no tradicional en su época, creó conceptos nuevos y desarrolló una filosofía de la multiplicidad, en la que privilegió lo múltiple a la jerarquización conceptual. Su teoría del sentido fue filosófica y tuvo por centro el concepto de acontecimiento, sin intervención de un sujeto, a diferencia de la concepción del sentido en Lacan, psicoanalítica, tuvo dos grandes lineamientos e incluyó el goce y al sujeto dividido.

El sujeto en Lacan, que tampoco coincide con el sujeto de la tradición filosófica, es efecto de la cadena significante hasta 1970.

Con el objeto de comparar las teorías del sentido de Deleuze y Lacan, se seleccionó el concepto de sujeto en cada uno de ellos, que se evidenció como la llave argumental para distinguir una diferencia nítida entre ambas teorías.

Se halló una lógica del sentido en Lacan en su discurso del amo y del inconsciente, que tenía antecedentes previos a la objeción de Deleuze, como se ha demostrado. Y, se construyó la teoría del sentido de Deleuze, leyendo series de *Lógica del sentido*, de lo que se desprendió que la lógica es de paradoja, y centrada en el acontecimiento.

Es discutible la afirmación de que hubo un "Deleuze lacaniano", ya que en su teoría del sentido excluyó un elemento fundamental del psicoanálisis que fue el estatuto del significante. Por lo que el momento de mayor intercambio conceptual entre Lacan y Deleuze fue respecto de elementos ajenos al núcleo de la teoría psicoanalítica en la que el sujeto es efecto de la cadena significante. La teoría del sentido de Deleuze, que privilegia el sin-sentido, es más próxima al concepto filosófico de esquizofrenia, que a la relectura que hizo Lacan del complejo de Edipo, y por ende, de la neurosis.

4. Los dos grandes lineamientos en el concepto de sentido en Lacan

Se encontraron dos grandes lineamientos en el concepto de sentido en la enseñanza de Lacan y se han elaborado partiendo de sus antecedentes en la obra de Sigmund Freud.

El primero fue descripto en este libro bajo el título *La lógica del sentido de Lacan*. Tiene por fuente la retroacción del otro sobre el sujeto, concepto que Sigmund Freud trató en *El chiste y su relación con el inconsciente*, y que Lacan desarrolló en su grafo del deseo. En este lineamiento encontramos la injerencia de un Gran Otro, de allí que el sentido pueda definirse como proveniente del Otro. La escritura de la que se sirvió Lacan para formalizar sus conceptos en este primer lineamiento fue "la gran fracción saussureana". Este modelo de sentido es operativo en la clínica en las neurosis, y el modo de funcionamiento con el que opera es el de metáfora y metonimia. El modo clínico de presentación es el del síntoma, con preponderancia del registro simbólico y que el analista trata por vía del corte de la cadena significante, y su consecuente reducción de sentido.

El segundo lineamiento que adoptó el concepto de sentido fue tratado en esta tesis bajo el título Hacia la *lalangue*. Preponderan la nominación, la escritura y el sentido en lo real. Su fuente directa en Sigmund Freud fue *El olvido de los nombres propios*, en el que Freud trató al nombre propio como un acertijo de escritura, *rebús*, en su sustitución de Signorelli por Botticelli y Boltraffio. Los registros preponderantes en esta línea son lo simbólico y lo real. Lacan produjo una localización del sentido en el nudo borromeo que presentó en su seminario XIX y llevó a su punto de mayor elaboración en su seminario XXII. Esta vertiente del sentido tiene por aplicación clínica tanto a las neurosis como a las psicosis. El recurso que Lacan adoptó ya no fueron las fracciones, sino los nudos. Y, su modelo de inconsciente cambió con la invención de *lalengua*, concepto que Lacan creó 1971.

5. La clínica psicoanalítica y la radicalización de la equivocidad

La equivocidad cobró un lugar privilegiado en la clínica psicoanalítica, lo que se constata en la afirmación de Lacan de que el único modo de intervenir en el síntoma es por la vía del equívoco, modo de interpretación que también desarrolló en *L'Etourdit*.

La radicalización de la equivocidad con la invención de *lalengua* y la interpretación por el equívoco imposibilitan que se conjeture la univocidad en el inconsciente, tal como lo hizo Deleuze.

Si el proceso secundario en el inconsciente fuera unívoco tal como lo propuso Deleuze, no sería posible la interpretación psicoanalítica por la vía del trastocamiento de sentido.

De este modo, esta investigación se constituye en una vía argumental para sostener el por qué la interpretación por el equívoco en épocas de *lalengua* fue la interpretación por excelencia en la enseñanza de Lacan.

Bibliografía

1. Psicoanálisis

Alemán, J. (2000) *Jacques Lacan y el debate posmoderno*. Buenos Aires, Argentina: Ediciones del Seminario.

Bisso, E. (2007) *¿Qué es el sentido? Exploraciones psicoanalíticas*. Buenos Aires, Argentina: Grama ediciones.

Bisso, E (2011) "El Dasein en la enseñanza de Jacques Lacan". *Revista Universitaria de Psiconálisis*. 2011 11, 227-235.

Bisso, E. (2012) "Acerca de la *Verleugnung* en el contrato masoquista". *Revista Affectio Societatis vol. 9 nᵃ 16*, 105-118. Universidad de Antioquia. Medellín, Colombia.

Bisso, E (2012) "Destinos del sentido en fin de análisis". *Revista Perspectivas en Psicología, Volumen 9*, 100-103. Universidad de Mar del Plata. Argentina.

Bisso, E. (2015) "Acerca de la recepción lacaniana de *Lógica del sentido* de Gilles Deleuze: un antecedente de lalengua". Tesis doctoral inédita defendida y aprobada el 15 de julio de 2015 en la Facultad de Psicología de la Universidad de Buenos Aires.

Cassin, B. (2013) *Jacques el sofista. Lacan, logos y psicoanálisis*, (Agoff, I. Trad.) Buenos Aires, Argentina: Manantial.

Fleischer, D. (1994) "Fantasía e imago". En *Incidencias del psicoanálisis: "Entre el saber textual y la clínica"*. Buenos Aires, Argentina: Editorial Anáfora.

Freud, S. (1979) "La interpretación de los sueños". *Obras Completas*, Volúmenes IV y V, (Etcheverry, J. Trad.) Buenos Aires: Amorrortu Editores. (Trabajo original publicado en 1900).

Freud, S.(1986) "Psicopatología de la vida cotidiana, Sobre el olvido, los deslices en el habla, el trastocar las cosas confundido, la superstición y el error". *Obras Completas*, Volumen VI, (Etcheverry, J. Trad.) Buenos Aires: Amorrortu Editores. (Trabajo original publicado en 1901).

Freud, Sigmund (1989) "El chiste y su relación con lo inconsciente". *Obras Completas*, Volumen VIII, (Etcheverry, J. Trad.) Buenos Aires, Argentina: Amorrortu. (Trabajo original publicado en 1905).

Freud, S. (1979) "Lo inconsciente". *Obras Completas*, Volumen XIV (Etcheverry, J. Trad.) Buenos Aires, Argentina: Amorrortu (Trabajo original publicado en 1915).

Lacan, J. (1973). *El seminario de Jacques Lacan. Libro 11. Los cuatro conceptos fundamentales del psicoanálisis. 1964.* (Delmont Mauri, J y Sucre, J Trad.) Buenos Aires, Argentina: Paidós. (Trabajo original publicado en 1973).

Lacan, J. (1975) "Función y campo de la palabra y del lenguaje en psicoanálisis". *Escritos 1.*(14ª ed) (Segovia, T. y Suárez, A. Trad.) Buenos Aires, Argentina: Siglo XXI. (Trabajo original publicado en 1966).

Lacan, J. (2012) "Del psicoanálisis en sus relaciones con la realidad". *Otros escritos* (Esperanza, G, Trad.) Buenos Aires, Argentina: Paidós. (Trabajo original publicado en 2001).

Lacan, J. (1975) "La instancia de la letra en el inconsciente o la razón desde Freud". *Escritos 1.*(14ª ed) (Segovia, T. y Suárez, A. Trad.) Buenos Aires, Argentina: Siglo XXI. (Trabajo original publicado en 1966).

Lacan, J. (1975) "Posición del inconsciente". *Escritos 2.* (14ª ed) (Segovia, T. y Suárez, A. Trad.) Buenos Aires, Argentina: Siglo XXI. (Trabajo original publicado en 1966).

Lacan, J. (1975) "Subversión del sujeto y dialéctica del deseo en el inconsciente freudiano". *Escritos 2.*(14ª ed) (Segovia, T. y Suárez, A. Trad.) Buenos Aires, Argentina: Siglo XXI. (Trabajo original publicado en 1966).

Lacan, J. (1977) *Psicoanálisis. Radiofonía & Televisión.* (Masotta, O. y Gimeno-Grendi, O. Trad.) Barcelona, España: Anagrama. (Trabajos originales publicados en 1970 y 1974).

Lacan, J. (1981). *El seminario de Jacques Lacan. Libro 1. Los escritos técnicos de Sigmund Freud 1953-1954.* (Cevasco, R. y Mira Pascual, V. Trad.) Buenos Aires, Argentina: Paidós. (Trabajo original publicado en 1975).

Lacan, J. (1981). *El seminario de Jacques Lacan. Libro 20. Aún. 1972-1973.*(Rabinovich, D., Delmont Mauri, J y Sucre, J Trad.) Buenos Aires, Argentina: Paidós (Trabajo original publicado en 1975).

Lacan, J. (1983). *El seminario de Jacques Lacan. Libro 2. El yo en la teoría de Freud y en la Técnica Psicoanalítica. 1954-1955.* (Agoff, I. Trad) Buenos Aires, Argentina: Paidós (Trabajo original publicado en 1978).

Lacan, J. (1984) "El atolondrado, el atolondradicho o las vueltas dichas". *Escansión Ornicar? 1,*15-69. (Delmont-Mauri, J., Rabinovich, D. y Sucre, J. Trad.) Buenos Aires, Argentina. Paidós (Trabajo original publicado en 1973).

Lacan, J. (1984) *El seminario de Jacques Lacan. Libro 3. Las psicosis.* (Delmont-Mauri, J. y Rabionovich, D. Trad.) Buenos Aires, Argentina: Paidós (Trabajo original publicado en 1981).

Lacan, J. (1988) *El seminario de Jacques Lacan. Libro 7. La ética del Psicoanálisis* (Rabinovich, D. Trad.) Buenos Aires, Argentina: Paidós (Trabajo original publicado en 1964).

Lacan, J. (1988) "La tercera". *Intervenciones y textos 2.* Buenos Aires, Argentina: Manantial (Trabajo original publicado en 1974).

Lacan, J. (1992) *El seminario de Jacques Lacan. Libro 17. El reverso del psicoanálisis.* (Berenguer, E y Bassols, M. Trad.) Buenos Aires, Argentina: Paidós. (Trabajo original publicado en 1975).

Lacan, J. (1994). *El seminario de Jacques Lacan. Libro 4. La relación de objeto.*

1956-1957. (Berenguer, E. Trad.) Buenos Aires, Argentina: Paidós. (Trabajo original publicado en 1994).

Lacan, J. (1999) *El seminario de Jacques Lacan. Libro 5. Las formaciones del inconsciente. 1957-1958.* (Berenguer, E. Trad) Buenos Aires, Argentina: Paidós. (Trabajo original publicado en 1998).

Lacan, J. (2003) *El seminario de Jacques Lacan. Libro 8. La transferencia.* (Berenguer, E. Trad.) Buenos Aires, Argentina: Paidós (Trabajo original publicado en 1991).

Lacan, J. (2006) *El seminario de Jacques Lacan. Libro 10. La angustia.* (Berenguer, E. Trad.) Buenos Aires, Argentina: Paidós. (Trabajo original publicado en 2004).

Lacan, J. (2006). *El seminario de Jacques Lacan. Libro 23. El sinthome. 1976-1976.* (González, N. Trad.) Buenos Aires, Argentina: Paidós (Trabajo original publicado en 2005).

Lacan, J. (2008). *El seminario de Jacques Lacan. Libro 16. De un Otro al otro. 1968-1969.* (González, N. Trad.) Buenos Aires, Argentina: Paidós. (Trabajo original publicado en 2006).

Lacan, J. (2009) *El seminario de Jacques Lacan. Libro 18. De un discurso que no fuera del semblante. 1971.* (González, N. Trad.) Buenos Aires, Argentina: Paidós. (Trabajo original publicado en 2006).

Lacan, J. (2012) *El seminario de Jacques Lacan. Libro 19. ...o peor. 1971-1972.* (Arenas, G. Trad.) Buenos Aires, Argentina: Paidós. (Trabajo original publicado en 2011).

Lacan, J. (2012) *Otros escritos.* (Esperanza, G. y otros, Trad.) Buenos Aires, Argentina: Paidós. (Trabajo original publicado en 2001).

Lacan, J. *El seminario de Jacques Lacan. Libro 6. El deseo y su interpretación. 1956-1957.* No publicado.

Lacan, J. *El seminario de Jacques Lacan. Libro 9. La identificación. 1961-1962.* No publicado.

Lacan, J. *El seminario de Jacques Lacan. Libro 12. Problemas cruciales del psicoanálisis. 1964-1965.* No publicado.

Lacan, J. *El seminario de Jacques Lacan. Libro 13. El objeto del psicoanálisis. 1965-1966.* No publicado.

Lacan, J. *El seminario de Jacques Lacan. Libro 14. La lógica del fantasma. 1966-1967.* No publicado.

Lacan, J. *El seminario de Jacques Lacan. Libro 15. El acto psicoanalítico. 1967-1968.* No publicado.

Lacan, J. *El seminario de Jacques Lacan. Libro 21. Los nombres del padre o los incautos no yerran. 1973-1974.* No publicado.

Lacan, J. *El seminario de Jacques Lacan. Libro 22. RSI. 1974-1975.* No publicado.

Lacan, J. *El seminario de Jacques Lacan. Libro 24. Lo no sabido que sabe de la una-equivocación se ampara en la morra. 1976-1977.* No publicado.

Laurent, E. (2011) *El sentimiento delirante de la vida.* Buenos Aires, Argentina: Colección Diva.

Laplanche, J. y Leclaire, S. (1969) "El inconsciente: un estudio psicoanalítico". Oscar Massotta (Ed.) *El inconsciente freudiano y el psicoanálisis francés contemporáneo.* (pp. 9-78) (Sazbón, J. Trad.). Buenos Aires, Argentina: Ediciones Nueva Visión. (Trabajo original publicado en 1961).

Miller, J. (1987) "Teoría de lalengua". *Matemas I.* (pp. 59.78) (Santos, C. Trad.) Buenos Aires, Argentina: Manantial.

Miller, J. (1995). "Sobre la fuga de sentido". *Uno por Uno, Revista Mundial de Psicoanálisis* n° 42, 16-32.

Miller, J. (1998) *Los signos del goce.* (Brodsky, G. Trad.) Buenos Aires, Argentina: Paidós.

Miller, J. (2002) *De la naturaleza de los semblantes.* (González, N. Trad.) Buenos Aires, Argentina. Paidós.

Miller, J. (2003) *Las psicosis ordinarias*. (Lauro, S. Trad.) Buenos Aires, Argentina: Paidós. (Trabajo original publicado en 1999).

Miller, J. (2006) "Iluminaciones profanas". *Freudiana nᵃ 46*, p. 7-21.

Miller, J. (2007) "Iluminaciones profanas. Clases 2, 3, 7 y 8". *Revista Lacaniana de Psicoanálisis 5/6, p. 11-56*.

Miller, J.(2008) "Iluminaciones profanas. Clases 15, 16, 17, 18 y 19". *Revista Lacaniana de Psicoanálisis 7*, p. 43-65.

Miller, J. (2011) *Sutilezas analíticas*. (Baudini, S. Trad.) Buenos Aires, Argentina. Paidós.

Miller, J (2012) *La fuga del sentido*. (Tendlarz, S. Trad.) Buenos Aires, Argentina. Paidós.

Miller, J (2013) *Piezas Sueltas*. Buenos Aires, Argentina: Paidós.

Milner, J. (1999) "Lalengua". *Los nombres indistintos* (pp. 39-49) (Agoff, I. Trad) Buenos Aires, Argentina: Manantial. (Trabajo original publicado en 1983).

Nassif, J. (1969) "Intervención en el seminario de Jacques Lacan del 19.03.1969". Inédito. Recuperado el 01.07.2011 en:
http://bulk.lutecium.org/www.ecole-lacanienne.net/stenos/seminaireX-VI/1969.03.19.pdf

Rabinovich, D. (1986) *Sexualidad y significante*. Buenos Aires, Argentina: Manantial.

Rabinovich, D. (1992) *Modos lógicos del amor de transferencia*. Buenos Aires, Argentina: Manantial.

Rabinovich, D. (1993) *La angustia y el deseo del Otro*. Buenos Aires, Argentina: Manantial.

Rabinovich, D. (1995) "La adaptación en el psicoanálisis post-lacaniano: cuando el hábito se pasea sin el monje... esbozo de una psicopatología de la vida cotidiana actual". Clases acerca de *Lógica del sentido* de Deleuze. Inédito.

Soler, C. (1991) *Estudios sobre las psicosis*. (Agoff. I, Trad) Buenos Aires, Argentina: Manantial.

Soler, C (2007) *Finales de análisis*. (Brodsky. G y Torres, A. Trad.) Buenos Aires, Argentina, Manantial.

Soler, C. (2004) *El inconsciente a cielo abierto de las psicosis*. (Lecman, T. Trad.) Buenos Aires, Argentina: JVE Ediciones. (Trabajo original publicado en 2008).

Tendlarz, S. (2003) "Lo que resta de un análisis". *Revista lacaniana de psicoanálisis*. Año 1 n° 1. Agosto 2003. (pp. 36-53).

Tendlarz, S. (2009) *Psicosis. Lo clásico y lo nuevo*. Buenos Aires, Argentina, Grama.

Vassallo, S (2011) "El Gran Otro, el otro sexo y el goce femenino (examen de la lógica que subtiende a la "no-relación sexual" y el aborde lacaniano del misticismo)". Inédito.

Vegh, I. (2008) *Lectura de L´etourdit*. Buenos Aires, Argentina: Editorial Escuela Freudiana de Buenos Aires.

2. Deleuze: textos y lecturas críticas

Antonelli, M. (2011) "Proximidades y distancias. Presencia del estructuralismo en la obra de Gilles Deleuze". En Rodriguez, F. & Vallejo, M. (Ed.), *El estructuralismo en sus márgenes. Ensayos sobre críticos y disidentes. Althusser, Deleuze, Foucault, Lacan y Ricoeur.* (pp. 79-135). Buenos Aires, Argentina: Ediciones del Signo.

Badiou, A. (1997) *Deleuze, el clamor del Ser.* (Scavino, D. Trad.) Buenos Aires, Argentina: Manantial. (Trabajo original publicado en 1997).

Bisso, E. (2013) "Lacan con Deleuze: lógicas del sentido". *Revista Affectio Societatis Volumen 10 n° 18*, 21-39. Universidad de Antioquia. Medellín, Colombia.

Bisso, E. (2013) "La paradoja de Lacan". *Revista Universitaria de psicoanálisis* n° 13, 279-285. Universidad de Buenos Aires. Buenos Aires: Argentina.

Bowden, S. (2005) "Deleuze et les Stoïciens: une logique de l'événement". *Bulletin de la Société Américaine de Philosophie de Langue Française*. Volume 15, Number 1, Spring 2005, 72-97.

Cottet, S. (1996) "Les machines psychanalytiques de Gilles Deleuze". *La Cause freudienne, Revue de psychanalyse* n° 32, 15-19.

Cottet, S. (2005) "Deleuze, por y contra el psicoanálisis". *Filosofía <> Psicoanálisis*. (pp. 15-34) (Soria Dafunchio, N. Trad.) Buenos Aires, Argentina: Tres Haches.

Deleuze, G. (2002) *Diferencia y repetición*. (Delpy, M y Beccacece, H. Trad.) Buenos Aires, Argentina: Amorrortu. (Trabajo original publicado en 1968).

Deleuze, G. (1969) *Logique du sens*. París, France: Les editions de Minuit.

Deleuze, G. (2005) *Lógica del sentido*. (Morey, M. Trad.) Buenos Aires, Argentina: Paidós. (Trabajo original publicado en 1969).

Deleuze, G. (1995) *Conversaciones*. (Pardo, J. Trad.) Valencia, España: Pretextos. (Trabajo original publicado en 1990).

Dosse, F. (2009) *Gilles Deleuze y Félix Guattari. Biografía cruzada*. (Garzonio, S. Trad.) Buenos Aires, Argentina, Fondo de cultura económica. (Trabajo original publicado en 2007).

Foucault, M. (1995) "Theatrum Philosophicum". *Critique* n° 282. (Monge, F. Trad.) Barcelona, España: Anagrama. (Trabajo original publicado en 1970).

García, G. (2001) "Cuando Lacan elogió a Deleuze". *Perversidades*. (pp. 65-79) Buenos Aires, Argentina: Paidós.

Hallward, P. (2010) "You can´t have it both ways: Deleuze or Lacan". De Bolle (Ed.) *Deleuze and the psychoanalysis. Philosophical essays on Deleuze´s debate with Psychoanalysis*. (pp.33-50) Leuven, Belgica: de. Leuven University Press.

Hart, M. (2004) *Deleuze. Un aprendizaje filosófico*. (Bixio, A. Trad.) Buenos Aires, Argentina: Paidós. (Trabajo original publicado en 1993).

Lawlor, L. (2012) "Phenomenology and metaphysics, and chaos". Daniel W. Smith (Ed.), *The Cambridge Companion to Deleuze*. (pp.101-125) Cambdrige University Press.

Martínez Martínez, F. (2009) "El Acontecimiento". *Ontología y diferencia: la filosofía de Gilles Deleuze*. (pp. 74-148) *Eikasia. Revista de Filosofía*, año IV, 23, marzo 2009. pp. 33-335.

Mengue, P. (2008) *Deleuze o el sistema de lo múltiple*. (Fava, J. y Tixi, L. Trad.) Buenos Aires, Argentina: Las cuarenta. (Trabajo original publicado en 1994).

Nuñez García, A. (2010) "Deleuze y la escuela estoica". *Endoxa. Series filosóficas* n° 25, 347-363. UNED, Madrid.

Piercey, R. (1996) "The Spinoza-intoxicated man: Deleuze on expression". *Man and Word*-29, 269-28, 1996. Kluwer Academic Publishers. Netherlands.

Sánchez Meca, D. (2000) "Nietzsche en Deleuze: hacia una genealogía del pensamiento crítico". *Éndoxa. Series Filosóficas, n° 12. 2000*, pp. 167-186. UNED, Madrid.

Simón Viñas, A. (2011) "Pensar la diferencia: la filosofía de Gilles Deleuze". *Eikaisa. Revista de Filosofía*, año V, 38 mayo 2011, 212-232.

Wahl, F. (2002) "El cubilete del sentido". Eric Alliez (Ed.), *Gilles Deleuze una vida filosófica*. (pp. 46-68) (Hernández, E. Trad.) Medellín, Colombia: Revistas Euphorion y "Sé cauto".

Williams, J. (2008) *Gilles Deleuze´s Logic of sense*. Edinburgh University Press.

Žižek, S. (2003) *La metástasis del goce*. (Willson, P. Trad.) Buenos Aires, Argentina: Paidós. (Trabajo original publicado en 1994).

Žižek, S. (2004) *Violencia en acto. Conferencias en Buenos Aires*. (Willson, P. Trad.) Buenos Aires, Argentina: Paidós.

Žižek, S.(2006) *Órganos sin cuerpo. Sobre Deleuze y consecuencias.* (Cuspinera, A. Trad.) Valencia, España: Pre-textos. (Trabajo original publicado en 2004).

Zourabichvili, F. (2004) *Deleuze. Una filosofía del acontecimiento.* (Agoff, I. Trad.) Madrid, España:Amorrortu (Trabajo original publicado en 1994).

Zourabichvili, F. (2007) *El vocabulario de Deleuze.* (Goldstein, V. Trad.) Buenos Aires, Argentina: Atuel-Anáfora (Trabajo original publicado en 2003).

3. Otros textos

Borges, J. (2004) *"Ficciones". Obras Completas.* Buenos Aires, Argentina: Emecé. (Trabajo original publicado en 1944).

Bréhier, E (2011) *La teoría de los incorporales en el Estoicismo antiguo.* (Contreras, F. Trad.) Buenos Aires, Argentina: Leviatán. (Trabajo original publicado en 1910).

Carroll, L. (2004) *Alicia en el país de las maravillas.* (Arminño, M. Trad.) Madrid, España: Editorial Edaf.

Carroll, L. (2007) *Al otro lado del espejo, y lo que Alicia encontró allí.* (Armiño, M. Trad.) Madrid, España: Editorial Edaf. (Trabajo original publicado en 1871).

Cassin, B. (2008) *El efecto sofístico.* (Pons, H. Trad.) Buenos Aires, Argentina. Fondo de cultura económica. (Trabajo original publicado en 1995).

González Pereira, M. (2008) "El estudio del lenguaje en el período helenístico". *Aproximación historiográfica al concepto de signo lingüístico a partir del Crátilo: la distinción entre léxico y gramática.* (pp. 302-477) Santiago de Compostela: Universidade. Servizo de Publicacións e Intercambio Científico. ISBN: 978-84-9887-054-1.

Cordero, N. (1988) "Introducción". Platón, *Diálogos V.* (pp. 321-329) Madrid, España.

Kristeva, J. (2001) *El genio femenino 2. Melanie Klein*. Buenos Aires, Argentina: Paidós Ibérica.

Marx, K. (2004) "La mercancía". *El capital*. Tomo 1, Vol. 1. (pp. 43-102) (Scaron, P. Trad.) Buenos Aires, Argentina: Siglo XXI Editores Argentina. (Trabajo original publicado en 1867).

Impreso por TREINTADIEZ S. A. en 2017
Pringles 521 (C1183 AEI)
Ciudad Autónoma de Buenos Aires
Teléfonos: 4864-3297 / 4862-6794
editorial@treintadiez.com